房玄龄

贞观第一谋臣名相

赵宁 著

辽宁人民出版社

图书在版编目（CIP）数据

房玄龄：贞观第一谋臣名相 / 赵宁著 . — 沈阳：辽宁人民出版社，2021.5
ISBN 978-7-205-10122-0

Ⅰ . ①房… Ⅱ . ①赵… Ⅲ . ①房玄龄（579—648）—传记 Ⅳ . ① K827=421

中国版本图书馆 CIP 数据核字（2021）第 001850 号

出版发行：辽宁人民出版社
　　　　地址：沈阳市和平区十一纬路 25 号　邮编：110003
　　　　电话：024-23284321（邮　购）　024-23284324（发行部）
　　　　传真：024-23284191（发行部）　024-23284304（办公室）
　　　　http ://www.lnpph.com.cn
印　　刷：北京长宁印刷有限公司天津分公司
幅面尺寸：145mm×210mm
印　　张：7.25
字　　数：162 千字
出版时间：2021 年 5 月第 1 版
印刷时间：2021 年 5 月第 1 次印刷
责任编辑：赵维宁
助理编辑：段　琼
封面设计：乐　翁
版式设计：一诺设计
责任校对：吴艳杰
书　　号：ISBN 978-7-205-10122-0
定　　价：39.80 元

序 言

房玄龄是初唐良相、杰出谋臣，"贞观之治"的主要缔造者之一。

房玄龄生于北周宣帝大象元年（579），出身于士族门第，从小接受了良好的教育，广闻博览，善诗能文，精通儒家经典，可以称得上是当时的全才。

隋炀帝大业十三年（617），李渊在太原起兵，李世民被派到渭北攻打隋军。这时正任隋隰城（今山西省汾阳市）尉的房玄龄，终于看准了时机，毅然脱离了隋王朝，"杖策谒于军门"，与李世民一见如故，从此成为秦王府中的重要幕僚，为李世民扫平群雄，取得帝位，开创"贞观之治"立下了大功。

贞观三年（629），即唐太宗李世民登基的第三年，房玄龄任尚书左仆射，行宰相之职。此后将近二十年，房玄龄一直连任相职，至贞观二十二年（648）病故。

房玄龄长期连任相职，一直兢兢业业，不敢有丝毫懈怠。他办事认真，一物一事也不疏忽。

唐太宗对房玄龄十分信任，把用人大权完全交付给他。房玄龄根据唐太宗"量才授职""任官惟贤""务省官员"的原则，对所有中央官员重新进行了审核优选，最后只留下精干人员共六百四十员；房玄龄善于发挥别人的长处，"闻人有善，若己有之"。他和杜如晦配合得最好，杜如晦的长处是善于判断，而房玄龄善于预先谋划，时人称为"房谋杜断"。

房玄龄在唐太宗左右，虽不像魏徵那样成为刚直不阿的诤臣，但觉得有不当处，也经常向唐太宗当面提出意见。例如贞观十七年（643），唐太宗问周围的大臣：自古草创之主，至于子孙，多乱何也？房玄龄在一旁答道：那是因为幼主生长深宫，少居富贵，未识人间情伪和理国安危的缘故。以此来警诫唐太宗不要过于宠爱子孙。

正由于房玄龄对唐太宗忠心耿耿，当时君臣上下对他都十分尊重，唐太宗遇有什么大事或难以解决的事都要随时询问他。群臣对房玄龄评价亦很高，贞观时与魏徵同时号为谏臣的王珪，曾对唐太宗评价房玄龄说："孜孜奉国，知无不为，臣不如玄龄。"

房玄龄不仅是一位政治家，还是大唐文化事业的主持者。他主持了经籍图书的搜集整理工作，使儒家经典在经历了魏晋南北朝的混乱局面后，能够在大唐盛世重新获得尊崇地位，这个意义是非常重大的。他还主持了《晋书》等史书的编写，又主持了唐朝国史的编纂。

在修本朝史时，房玄龄主张秉公直书，不得曲阿。《贞观政要》记载了这样一个故事：贞观十四年（640），太宗想要看一看修的国史，对房玄龄说："为什么自古以来，当代国史皆不令帝王亲见之？"房玄龄答道："国史既善恶必书，可能书写到人主的非法之处，理当不让皇帝亲见。"唐太宗解释说："我想看国史别无他意，只是为了鉴诫自己。"房玄龄和魏徵这才同意让他看。

贞观二十二年（648），房玄龄一病不起。病势严重时，唐太宗和他见了一面，"太宗对之流涕，玄龄亦感咽不能自胜"，足见君臣二人感情之深厚。卧床期间，唐太宗不断派人探望，临死前，太宗又亲临与之握手叙别。

在治家方面，房玄龄一向教子甚严。他告诫儿子们不要盛气凌人，切勿骄奢沉溺，并集汇古今圣贤家诫，亲书于屏风上，分给各房子嗣，说："如能留意上面的内容，足以保身成名。"长子房遗直承袭爵位，高宗初年做到礼部尚书。次子房遗爱娶了太宗之女高阳公主，高阳公主骄恣成性，丑闻迭出，后来被查出谋反的罪名，房遗爱也受到株连。房遗直被削爵，成为庶人。

可惜房玄龄一世忠贞，其家族终为逆子所累，令人叹惜。

本书讲述了房玄龄波澜壮阔的一生，介绍了他的为官智慧和历史功绩，同时也呈现了隋唐之际的历史风云。

目 录

序言

目 录

附录

第一章

生逢乱世

一、士族门第

北周大象元年（579）的秋天，北周的齐州临淄（今山东省淄博市）城里，有一户世代为官的房姓人家增添了一个男婴。

喜得贵子者名叫房彦谦，是房家七子中最末一个。房彦谦已是三十四岁的中年人，半生为吏，迁来徙往，五年前成的亲，直到今天才有了第一个孩子，一家人格外欢喜。

孩子满月之日，房彦谦怀抱儿子端坐在上房高桌前，诸位兄嫂甥侄都过来问贺。叔父房豹便说："我们房家一向以诗礼薪传，今天孩子满月了，给他命个什么字为好？"

房彦谦便笑着将怀中孩儿交与夫人，去书案上取过一张纸来。众人见那纸上写了五个字，其中"清渠"与"荫如"已被勾掉，剩下巴掌大的一个"乔"字。原来房彦谦已经想好了，便说："《说文》上说，乔木'高而曲也'。《诗经·小雅》有云：'出自幽谷，迁于乔木。'就叫乔吧。"

房豹不由得点头应允，众人也都说这个"乔"字命得好。

房家是一个世代官宦之家。房玄龄的曾祖父和祖父在北魏、北齐为官，父亲房彦谦是一位饱学之士，所交往的知交王邵、李纲、柳彧等人，"皆一时知名雅澹之士"。隋代著名文学家薛道衡，也十分敬重房彦谦的为人，经常与他书信往来，每当薛道衡出差外地，只要途经房彦谦处，必然流连数日，洒泪而别。

房彦谦具有清醒的政治头脑，他虽曾连任北齐和隋朝的地方官吏，但对魏、齐、周、隋之间的长期政治动乱，十分厌倦。所以在隋文帝代周以后，曾想"优游乡曲"，再也不出仕做官。即使被迫接受了隋王朝的任命，也决不阿谀权贵，曾经尖锐地向当时权重一时的宰相高颎和负责宫廷建筑的张衡提出，对吏治要严于管理，对"穷极侈丽"的建筑，要立刻停止，间接地也对隋炀帝的好大喜功，浪费民力提出谏劝。在他出仕的几任地方官期间，对老百姓厚加慰抚，施行善政，以至被当地人民"号为慈父"。房彦谦对隋炀帝的必将覆亡，早有预感，曾对他的朋友说："主上（指炀帝）性多忌刻，不听意见，唯行苛酷之政。别看现在天下尚安，必有危乱。"

房玄龄出生在这样的家庭，耳濡目染，颇传其父遗风。他自小爱好文学，广闻博览，又跟父亲学得一手好书法，善诗能文，精通儒家经书，可以称得上是当时的一位全才。房玄龄无论在政治思想方面还是道德品质方面，都是封建时代的楷模。他政治上酷肖其父。隋炀帝大业年间，隋王朝还正在兴旺时期，表面上"天下宁晏"，大家都以为"国祚方永"（国运长久），而青年的房玄龄却早看出不可克服的弊端和国家覆亡的征兆。

一天，他对父亲说：隋朝本无功德，只不过欺骗百姓，现在又在皇位方面互相倾夺（指隋炀帝与其兄杨勇、弟杨谅之间的皇位之争），贵族们"竞相淫侈"。这样的王朝终归要矛盾百出，其灭亡是跷足可待的。

房彦谦见小小年纪的儿子竟然有这样一番超人的见识，不禁大为惊奇。

二、后生可畏

在房玄龄十岁这年，父亲房彦谦成为中央官员，到长安任职。朝廷让他携家眷到长安大兴城里居住，房彦谦欣然从命。这样既可以给家人以必要的照应，又便于房玄龄拜师求学。

房彦谦为儿子找了一位名师，他就是当朝名士卢恺。

卢恺是涿郡范阳人，门第显赫。范阳卢氏在魏晋隋唐时期可是大姓，与清河崔氏、荥阳郑氏、太原王氏齐名。卢柔在北魏做过中书监，卢恺在隋朝做过吏部侍郎、礼部尚书。他气宇不凡，擅长诗文，与薛道衡、陆彦师等名流经常有诗歌往还。

受房彦谦之托，卢恺对房玄龄加以培养。房玄龄本就聪颖过人，除习学"四书""五经"、诗词歌赋之外，还兼学治国之道。在这种特定的环境之下，他耳濡目染，在学业上是突飞猛进。虽说房玄龄小小年纪，却已显露出早熟的智慧和见识。

开皇十二年（592），卢恺受朝中反对派弹劾，被隋文帝免官。这件事让房氏父子唱叹不已，实感时局败坏，命运莫测。

房玄龄满十八岁时，预备参加进士科拔贡考试。

当时，皇上诏令，五品以上的京官及各州总管刺史，均可以按"志行修谨""清平干济"这两科来举荐贤能之士。地方官察举本地人才，这是汉代的遗风，但通过考试来鉴定人才却是科举制度的先声。

"志行修谨"便是品德，"清平干济"便是才能。朝廷需要德才兼备的士人来治理天下。身为司隶刺史的房彦谦也兼管这方面事务，所以父子俩都很高兴。待房玄龄行过成人之礼，便准备参加科举考试。

卢恺罢官别居郊外以后，授业之事房彦谦便另托了吏部侍郎高孝基。高孝基也是原北齐皇室的亲王，房玄龄母亲高芸若的堂叔，此时负责考核选拔官员，以善于识别人才闻名。每年殿试都在仲冬时节进行，高侍郎作为举荐人，夏至时节便写好了书面材料，将房玄龄在"志行修谨"方面的诸多表现列出若干条来，无非是说他知孝有节，忠直勤恳，待人友善，举止合法度，无任何恶习等等。还要特别注上他的家族门第出身，便从房谌起始，历经房法寿、房翼等，直到司隶刺史房彦谦历数先人。

至于"清平干济"方面，则主要是通过考试来检验。当时考试已有明确的程式规定：凡是关于经史知识方面的，有帖文、口义、墨义三种。帖文亦称帖经，取应试人所习的专经文句，遮掩其上下文，从几个字中测验其能否记忆；墨义是提问书中的事实，让应试者录于卷纸上，"直书其义，不假文言"；口义即口试经文大意。关于时务方面，采取"策试"之法，也就是汉代的策问；关于文艺方面，有诗赋、杂文两种文体。杂文是指箴论表赞这几种文体，诗赋则是检验应试人的文学修养。总体上说，有笔试和答辩两种方式，试卷主要是看学识水平和诗词文章，答辩则是博涉经史，兼有经邦治国方略等等。原则上说，这些都是不能含糊的。

房彦谦与房玄龄说："如今辟立举士新法，意在不许门阀大族再行把持选举，从而使天下才学之人多了些进仕的机会。这是任人唯贤的善举，同时你也多了一批竞争对手。今番是高孝基大人为你提的名，虽说举贤不避亲，但我不能利用自己的职权谋私，你还应凭借自己的学识修养来求得进身，你不会让高大人失望吧？"

房玄龄自信地说："父亲放心，孩儿虽不才，却时刻谨记父亲教诲，或许志大而才疏，但决不敢做志微之人。修身齐家方面，父亲是看着孩儿长大的，失礼无矩之处，尝为父亲匡正。才学方面，经史典籍读过不下两三遍，其中著名篇章自认得其精要。孩儿常拿父亲与汉相萧何为榜样，不管天下如何动荡，孩儿定做柱国之石！"

房彦谦闻听很高兴，口里却说："戒骄戒躁，古之训也。况且你弱冠之年，懂得什么干济之道？进了考场，切不可狂言欺人。为人应当进退有度，惟慎盈满，谦则受益，满则招损，这可是经验之谈啊！"

当时参加科举考试一般是两种渠道，一种是由学馆报名参加考试的，叫作"生徒"；另一种是由州、县推举报名的，叫作"乡贡"。房玄龄没有在正式学馆里就学，因而只能在雍州报名。雍州是京城所在地的州治，行过饮酒礼，由州府官员先行选拔，称为"贡选"；贡选合格者送交朝廷户部集阅，再由考功郎进行课试。

州里贡选很顺利，户部集阅也没有问题。考试整整进行了五天。上千名考生，房玄龄竟是最后一个走出考场的，考官们以为这后生必是什么地方卡住了，直担心他卷子的质量。及至答辩完毕，两项评分累计后分出上中下三等，房玄龄名列上等第一名！

房玄龄初试得第登科，又经过吏部再试宏词拔萃，以身、言、书、判四事相考。这叫作"铨官"，又叫"释褐试"。身是看身体是否健康丰伟，言是看言词辩正，书是看字写得如何，判是取其文理优长。四事合格者，才能授以流内最低品级的从九品官。

高孝基对身边的考官说道："我观察的人多了，没有能超过房玄龄的。这是个治国的人才，只可惜啊，我看不到他出人头地了！"高侍郎确已老迈年高，不久便过世了。但房玄龄一举进士，却是他加盖的印鉴。他给房玄龄写的评语是："怀兼谋勇，襟容柔刚，为人恭让，志在四方。"

第二年春天，房玄龄授职于太子东宫，司任羽骑尉，籍属禁军备身府，为从九品。

其时，朝中像他这等校尉也不知有几百上千人，同品级的官属就更多了。如同其父房彦谦一样，房玄龄每日司职勤勉，凡事用心，半年下来，渐渐便将东宫内外事务详识在胸。他为人谨慎，待人和善，从不多说一句话，经常替同僚值班或办些杂事，所以与众人相处甚是融洽。

在东宫任职期间，房玄龄发现晋王杨广野心勃勃地图谋太子之位，杨勇已逐渐失宠。他预感宫中将有一场风雨。

一天，房玄龄求见吏部薛大人，说自己生性不宜行伍，还是做文职更合适些。薛道衡见他外表确实显得有些柔弱，瘦长身材，面庞白净，未脱书生模样。便翻检了半天花名册，看见秘书省正有一个校雠郎的空缺，一拍脑门说道："哦，有个姓曹的校雠，双亲不久前死于伤寒，回乡守孝去了。不如你去补了，日后若有新缺，再迁你吧！"即让他去了秘书省，补了个正九品校雠。

秘书省并非朝中显要部门，只掌管些文书典籍，官员数额也较尚书、门下二省少许多。秘书省长官为监令，以下领著作、太史二曹，属下有丞、郎、校雠、正字、录字等职。除去随时记录皇上及宫中一应流水事务之外，修史撰文便是秘书省的主要工作。校雠相当于今天的编辑，倒也使房玄龄从前所学的文史知识派上了用场。案头刀笔，不招风也不淋雨，每天日出入署衙视事，至正午时下班回家，半个月轮流值日一回，逢旬和节日有休假。房玄龄自觉得其所哉。

开皇二十年（600）正月，高丽和契丹遣使臣来朝奉献礼品。二月，熙州人李英林率众起事，朝廷派兵镇压。四月，隋文帝下令兵分三路攻打西突厥，大胜……房玄龄正埋头修撰这些文稿，忽有卢恺家人来报：卢大人病危，急见房家父子。房玄龄不敢怠慢，赶忙跟曹官告假回家，与父亲一起疾往城郊赶去。

卢恺自从削职为民以后，心情一直郁闷难遣，身体每况愈下，此时已然难撑了。卢家的资产尽被没收，用人悉数遣走，郊外的茅屋透风漏雨。

俗话说"一日为师，终身为父"，知遇与授业之恩重如泰山。房玄龄俯身病榻前，望着形销骨立的卢大人，不禁失声痛哭。卢恺已临弥留之际，遂执手嘱咐房家父子道："我膝下有一养女，乳名唤作绛儿，正与玄龄同庚稍长，常跟他一起读书习字。每见他们两人青梅竹马，情同姐弟，常有连理之心。绛儿三岁即为老夫收养，其父曾为边关守将，门第不微。小女虽然不善工织，性情刚烈或同男儿，却难得她知书达理心怀大义，日后必为玄龄贤内助。老夫这一生，显也显过了，贱也贱过了，年过花甲，不算短寿。遍观尘世，今日是猫狗，明天或为虎狼，夫复何求！我儿已年长，不愁过活，只是这个小女，模样也还标致，我怕她落入虎狼之手，欲将她许与玄龄为妻，不知肯否给老夫个薄面？"言罢目视天棚，一口气含在嘴里，难吸难吐的样子。

此时的房玄龄已是二十一岁的青年，虽曾立志"业不立不成家"，却也难辞卢大人的一片诚意。当下便由卢大人的儿子卢义恭取来纸笔，房彦谦签具了婚契文书。那卢恺已写不得字了，只在纸上按了手押，遂瞑目而去。

三、杨广夺宫

隋炀帝杨广是隋文帝的第二个儿子，本不应该他来继承皇位。

原本，隋文帝是一心想让杨广的哥哥——太子杨勇来继承皇位。为了让太子杨勇成才，隋文帝在杨勇身边安插了诸多名臣谋士。如太子太师观国公田仁恭、太子太保武德郡公柳敏、太子少傅济南郡公孙恕、太子少保开府苏威。这些人在辅助太子过程中都起了一定的作用。后来，隋文帝又把朝廷重臣李纲推荐给杨勇。隋文帝所做的一切都是希望杨勇以后能不负自己所望，撑起大隋江山基业。

隋文帝还让杨勇参与军国政事。这个时候的太子杨勇，是颇得隋文帝信赖的，杨勇常在诸多事情上提出自己的意见。可是，对于很多事情，杨勇只有"参"的权力，却没有"决"的权力。"决"的权力都掌握在隋文帝手里。并不是杨勇没有能力，而是因为太有能力，让隋文帝不放权力，他始终将大权牢牢抓在自己手里。事必躬亲，上自吏治得失，下至民间疾苦，隋文帝无不留意。他既想让儿子管家理事，却又大权不放，作为太子的杨勇怎能不感到痛苦？

开皇十四年（594），齐州发生灾荒，刺史卢贲借机抬高米价，大发横财。隋文帝大怒，将其除名为民。杨勇跟父亲说，卢贲一直跟随您，此人有佐命之功，倘若这样废为平民，其他功臣该如何想？

隋文帝大怒，训斥杨勇，说卢贲狡诈至极，不可不废，你替他求情，难道他曾经跟你很熟吗？

卢贲事件让隋文帝觉得，杨勇的太子之位稳如泰山，他迟早要做皇帝，何必要现在急着"干预"政事呢？而杨勇虽身为太子，又被隋文帝美其名曰"参决政事"，但在隋文帝皇权的巨大阴影下，其作用是微乎其微的。

放下隋文帝和太子杨勇之间的矛盾，再来看看杨勇之母独孤皇后和隋文帝的关系。她的建议常对隋文帝产生巨大的影响，但她的嫉妒心也旷古绝今，她不但对自己的丈夫隋文帝宠幸其他女子大加干涉，而且在隋文帝面前恶毒攻击朝中纳妾的大臣。在皇后看来，太子杨勇贪恋女色已到了不可救药的程度。率性的杨勇曾指着母亲的侍女说，这些都是他的。独孤皇后非常生气，当时，恰好杨勇正妃元氏暴死，独孤皇后借机说："这肯定是杨勇毒死的。"在这位母亲看来，太子的品行和品德不能一统天下。

隋文帝当时还没有废黜太子的意思，但独孤氏总是吹枕头风，而且是直指太子品德劣行，隋文帝就不得不重新考虑太子杨勇的未来。

就在杨勇太子之位出现危机的时候，隋文帝的次子杨广跳了出来。

杨广有沙场临战的功业和威德，也有缜密运筹的心机，更有为达到目的而不择手段的阴险。在皇位的巨大诱惑前，杨广是决不心慈手软的。他是个非常聪明的人。他知道若想日后登基，就得夺得太子的位置。而要坐上太子之位，则需要父皇母后的信赖以及亲信党羽的辅佐。杨广在自行制定了争夺皇位的策略后，便紧锣密鼓地行动起来。

杨广的第一步是想尽办法博得父皇母后的欢心。隋文帝和独孤皇后一向倡导勤俭持家，不喜欢奢华。尤其是独孤皇后最恨的是用情不专的男人，她常常斥责那些宠爱姬妾之徒。杨广对此了如指掌。他非常注意检点自己的行为。他先是褪去华丽衣服，身着粗衣，接着把琴弦弄断，造出一副远离娱乐的假象。

骨子里，杨广是一个纵情、喜好女色的纨绔子弟，在他的私宅中豢养了无数绝色美女，但为了讨好母后，他明里与妻子同出同入，暗地里把他与其他女子所生的孩子全部掐死，不留一个活口。他的屋子里没有一件珍奇的摆设，堂前的孩子都是正妻所生，侍奉的几个下人也都是布衣装束，面目憨厚。厨房里也无山珍海味。隋文帝见到以后，心里非常高兴。连连称赞杨广温良恭俭，独孤皇后也夸奖儿子不近女色，可堪大任。

杨广在父皇母后面前树立正人君子的高大形象的同时，一直在巩固自己的势力，他结交了宇文述、郭衍、杨约、杨素等大臣。

有一回，杨广代替隋文帝视察兵营，恰逢天降暴雨，兵卒们在雨中操练，有个人举起了一把油布伞为杨广遮雨。杨广一把推开说："士卒们都在雨中淋着，我怎么能自己躲在伞下呢？"

这件看似不起眼的小事被传为佳话。不仅隋文帝欣喜不已，大臣们也都对杨广充满了钦佩与敬重。杨广则让他们时常在隋文帝和独孤皇后面前诋毁杨勇，颂扬自己。如此一来，隋文帝就时常拿杨勇和杨广对比，对杨勇更加失望和厌恶了。这时候，隋文帝便已经动了废黜太子的心思，但是前朝各代的历史证明，废长立幼，于国不利，废黜太子的决策必须要慎之又慎。

于是，杨广开始诋毁哥哥杨勇。说起来，太子杨勇还真不是杨广的对手。杨勇的性格直率粗莽，胸无城府，丝毫没意识到杨广的险恶用心。从这一点来说，他缺乏一个帝王所必须具备的素质。

杨广对杨勇的性情、癖好也了解得很透彻。每次他外任回都，都要悄悄给太子送去锦衣、美女和珍宝。而太子杨勇傻乎乎地一概收下，毫不客气，毫不遮掩，哪里想到这是弟弟在勾引他犯罪。他每日身着华服出入，在府中纵声歌乐，与不同的女人生了十几个孩子。

杨广将这些事情都告诉给隋文帝。隋文帝和独孤皇后对杨勇越来越厌恶了。隋文帝常常对独孤皇后说："太子品行顽劣，而广儿却仁孝恭俭。"

此时，杨广开始了进一步的行动。他派杨素去刺探太子杨勇方面的动静。杨素奉命来到东宫，在厅外休息，杨勇感到危机来临，本来心情就很坏，一见到杨素就破口大骂。于是杨素去见隋文帝，将太子杨勇的狂躁和不满情绪转述，而后对隋文帝说："太子恐怕有变！"

独孤皇后这时候也派人去杨勇处打探。杨广又将独孤皇后的人都收买了，这些人回到独孤皇后那里，也大肆渲染说杨勇恐怕要造反。

独孤皇后当即向隋文帝通报。于是，隋文帝派人时刻监视东宫的动静。惶恐心焦的太子杨勇，此时竟让巫师来算命，巫师说隋文帝十八年有一个坎，期限就快到了。这事被人报告给隋文帝，隋文帝想，这是太子想要让自己快死或者快退位，否则他就要造反。

隋文帝认为儿子大逆不道，立即下令禁锢太子和东宫所有人，并让杨素严加审问与太子往来的部分大臣。几天后，杨素拿出来确凿的罪证，隋文帝下令搜索其他证据。杨勇宫中自然少不了他平时喜好之物，比如马匹，比如火燧。马匹当然是造反时士兵的坐骑，火燧是晚上造反时用来照明的。在造反的性质定论下，任何物件都可以成为罪证。

开皇二十年（600）十一月，隋文帝派使者去唤杨勇，要他前往武德殿。杨勇到了武德殿，隋文帝让薛道衡宣读了废太子诏。

这份诏书中所列废太子理由有二：第一，杨勇的生活奢侈腐化；第二，昵近小人，委任奸佞。第一条和别人没有关系，但第二条就和东宫的官员有关了。于是，隋文帝在将杨勇太子位废掉的同时，又将东宫太子左庶子唐令则、太子家令邹文腾处斩，与杨勇常往来的左卫率司马夏侯福、前吏部侍郎萧子宝、前主玺下士何竦、典膳监元淹和左卫大将军、五原郡公元旻均被赐死。随着这些人的被处斩，以杨勇为首的存在了二十年的东宫势力从此消失，晋王杨广被立为太子。

房玄龄入仕之初便耳闻目睹了这一幕废立悲剧。岂知数年之后，又有一场悲剧何其相似，那便是唐王朝的储君之争。如果说这一次他还是隔岸观火，那么下一次他则是参与其中了。塞翁失马，焉知非福！

四、婚配隰城

杨广做太子三个月后，亦即公元 601 年正月，大隋改年号为"仁寿"。

经过一番大清洗，朝廷上下换了许多官员，地方各州郡也有不少人升降。房玄龄只是这次人事大调整过程中的一分子，他被贬至西河郡的隰城任城尉，从九品。

第二年，独孤皇后病逝，隋文帝也因龙体欠安而疏于朝政，杨广与他的一伙党羽便加紧抢班夺权了。

隰城就是今天的山西隰县，位于黄河与汾河之间平缓丘陵地带。城尉之职负责执掌一县之军事，仅为从九品。由正九品朝官放逐为地方小吏，又是在远离京师五百里以外，人生地不熟，房玄龄的心情可想而知了。

初来的几日，房玄龄失魂落魄，百无聊赖，几案上摊着一本军府花名册，却也无心查看，军曹们前来拜见守尉官，他也魂不守舍。

县令姓云，乃是朝臣云定兴的侄子，亦即废太子杨勇爱妾云昭训的堂兄。见房玄龄整日愁眉不展，云县令便笑着说："房县尉不知，本县也是从京城里被放出来的，有什么可郁闷的呢？此处西南不算太远，便是天下黄河一壶收的壶口。改日得了空闲，本县陪你去那儿视察防务。"

这日天色晴好，云县令委托县丞坐衙看家，自己带着房玄龄及户、功、田、兵、法诸曹佐属一行骑上马，渡过昕水南去。一路上，云县令在马上谈笑风生，指点山川林木，介绍风土民情。原来他是个性情豪爽的人。行至文城便有一间酒肆，云县令叫了些酒菜来，众人猜拳快活一番，微醺方起身再行。

临近壶口之时，已是半下午光景，但闻隆隆涛声轰鸣，由远而近，那浩浩荡荡的黄河自峡谷流来，到这里竟倏然不见，消失之处，一条彩虹腾起在半空里。见房玄龄一副神驰心醉的样子，云县令笑着问道："房公想必是第一次来我隰城地界的吧？别看这里山穷水恶，却也别一番干净！你在京师，即使是做到三品相国，不也得仰人鼻息吗？你与本县在这里，便如闲云野鹤一般，强似天皇老子！"

房玄龄只当他是酒后放言，也不甚理会，信马走近壶口瀑布近旁，竟被眼前的壮景惊得目瞪口呆。但见那横溢山川的大河，挟风携雷滚滚而来，却突然在这里沉落下去，仿佛壶口底下便是通往地下龙宫的入口。浊流激荡，喧声震耳，翻起的浪花化为蒸蒸紫气，弥漫天宇，一条彩虹凌空飞架。自壶口以下，河床陡然降落，河水在跌落之前仿佛有一个跳跃，然后才汇集到那狭小的壶口里。然而那河水并不像受了刑罚，纵身跳跃之前竟似十分奋勇的样子，欢腾咆哮，一往无前。

房玄龄兴奋不已，随口吟出一首七绝送与云县令。诗曰：

> 九弯黄河一壶收，
> 千载诗吟万古流。
> 云蒸虎啸极气度，
> 令人乱世且埋头。

云县令大喜，回行途中至文城，复入一家酒肆，喊来笔墨纸砚，求房玄龄书写。云县令见他一手龙蛇飞舞一般的草书，越发喜不自胜，当即步房玄龄原韵和了一首回赠。诗曰：

> 看尽山川一望收，
> 谁云乡野不风流。
> 今朝犹获房公谊，

何虑蓬蒿掩白头！

诸曹属中也有懂得些诗文的秀才，便说房县尉诗意沉郁大度，云县令恢宏洒脱，真个是流星飞月，各有千秋。于是再度摆酒，以志庆贺。云县令却自谦道："本县岂敢跟房公相比？本县在京师曾有耳闻，房公自幼便与薛道衡先生唱和，天下谁不仰慕房公才学？如今得与房公同衙为文武，实在是三生有幸啊！"

遂将房玄龄字幅悬于衙署内，闲来便驻足欣赏，方才发现这首诗原来有藏头隐喻之妙：四句头一个字连起来，便是"九千云令"，乃言云某九千岁是也！云县令自然不敢声张，只在心中暗自领受房玄龄的一番美意便是了。自此，云县令常与房玄龄诗词赠和，二人交情日笃。

其时，突厥步迦可汗闻知隋宫有变，便出兵扰边，却被隋军击退。五月，突厥男女九万余口归降，边地稍安。六月，新太子杨广力倡新法，废太学、四门及州县学堂，只留国子生七十人，改国子学为太学。不久，南方资州山僚起事，刚被抚定，潮、成等五州官吏又起事，天下躁动渐起。

虽然官职卑微，房玄龄却以父亲为榜样，勤勉努力，尽职尽责，常常一连好几个月都不回家探亲。因他自幼聪明，博览经史，贯通典籍，工于草书和隶书，诗文又作得好，所以深得同僚敬重。身在隰城，心里却一直装着国家大事，每当上司来人，他都问一些朝中和边疆的情况，与父亲书信往来，也都是谈的治乱之事。

日月如梭，不觉又过了三个春秋。这日，房玄龄接到母亲书信，言及住在长安郊外的卢绛儿，因与嫂嫂不睦，哥哥卢义恭便到房家来议成亲之事。为卢恺三年守孝期已满，按说是可以成亲了。房家知道是卢义恭夫妇不愿白养活卢绛儿，所以要赶她出阁。

高芸若因为心疼未过门的儿媳妇，便对卢家有些不悦，与房彦谦说："索性娶了回来，反正也是早晚的事。眼下玄龄远在他乡，将她送到玄龄身边去，也好有个照应。"

房彦谦则说："在地方上任职，带了家眷总有些不好。你没见我在州郡为官那些年，何时带你们来着？"

高芸若苦笑说道："世人如果都像你，那些做妻子的都要剃头去做尼姑了。玄龄已是二十五岁的人，总不能教他跟你一样白头得子吧？"不由分说，便与卢义恭说定，让他先把卢绛儿送到房府来住着，择日再办婚事。

仁寿四年（604）三月，一个暖洋洋的春日，一抬小轿将卢绛儿送到了房家。几年不见，那卢绛儿又有了几分出落，仿佛一枚青杏丰盈绽红，肩也圆润了，胸也鼓起了，只是面庞上多了几许疲惫。

按彼时长安的风俗，未嫁先住婆家叫"下聘"。卢绛儿上身穿着窄袖衫襦，下着曳地长裙，脸上连胭脂也未搽。高芸若不喜欢这样的服饰，便给卢绛儿新置了一身旧齐式衣裳。那卢绛儿一应巨细都听婆婆安排，高芸若自然十分欢喜，把她当作女儿一般爱护起来。

未几，卢绛儿便熟悉了房家上下，从此膳食起居、指点用人等等，全不必高芸若操心，俨然一个当家少奶奶。高芸若又修了一封书信，叫房玄龄告假回来成亲。

大兴城里已是满街京桃花，房玄龄还未回来。京桃长成了指肚大的果儿，房玄龄仍无音讯。高芸若不免情急，让房彦谦差人往隰城走一遭，看儿子是否生病了。

差人凌晨起程，一路快马疾驰，当日黄昏时分便到了隰城，却见房玄龄正在校场上演练兵马。那房玄龄瘦长身材，一身戎装，英姿飒爽，全不是从前温文尔雅的模样。

见母亲信中言辞恳切，房玄龄不敢违了父母心意，当夜便去云县令家里告假。云县令合掌笑道："好事好事！若不是公务在身，洒家也想跟你去吃三杯酒呢！"又说："也罢，明日我便让工匠修一座宅子，等你回来，我给你再办一回。"

于是差人购置礼品，打点房玄龄上路。翌日，房玄龄带了三名军汉，与那差人一同回了京师。

七月初五是立秋，初六则是个吉日。房家发出六十张帖子，门前搭起三丈席棚，吹吹打打办起喜事来。那六十张喜帖请的是谁？薛道衡、宇文恺等旧友故交，自是在嘉宾之列，还有司隶台里房彦谦的同僚，临淄老家来的亲属，高芸若家现在城中的姑舅娘亲，以及房玄龄从前在秘书省里的同事。因房玄龄平素为人随和，人缘极好，还有些未收到请柬的也来随礼。

房家院落好一番热闹！大门口张灯结彩，影壁下有人专事收礼上账，上了账的宾客有司仪恭请到大厅入座，车马轿夫自有下人照应。卢绛儿由高芸若亲自妆扮，头上簪花高髻，脚下如意锦履，身着袒胸大袖红衫，下穿飞燕绛黄裙，更有一条绯色帔帛绕肩披着。蛾眉舒展，桃腮粉面，眉间一点朱砂，双目顾盼生辉。再看那房玄龄，红袍加身，面露羞赧，酒不醉人人自醉，喜来忧烦皆忘，只顾着与那些张三李四揖拜不止。

拜过天地，红绫牵引，酒散当夜入洞房。小夫妻初尝男女，一番恩爱云雨不提。却说新婚三日，早起卢绛儿眼中垂泪，说："今天本当回娘家醮酒，可是妾身不愿再望见嫂嫂的冷脸，不如去父亲坟上烧一回，也送给他老人家看看。"

房玄龄应允。日上三竿时分，便陪着卢绛儿去卢恺坟上烧纸。坟头已然荒草萋萋，炎炎烈日下，不见石碑，也不见冥纸。这竟是一朝宰相的坟茔吗？卢绛儿哭过几回，房玄龄也不禁心窝里泛酸，便暗自想，何时为卢大人立块青石碑，让后世不忘他一世清名。

正发着呆，忽见两匹快马从仁寿宫方向急驰而来，拖起一路烟尘往大兴城去了。马上的使者却不认得，但见一面五尺长的白旌，在滚滚烟尘中十分刺眼。

房玄龄低叫一声："不好，行宫出事了！"于是匆匆赶回家，却听父亲说："皇上被太子杨广弑死在仁寿宫！"

五、剜目示忠贞

杨广弑父杀兄，排斥旧臣，引得人心惶惶。杨广的弟弟汉王杨谅，以讨杨广为名，起兵造反了。

朝中很快得知杨谅造反的消息，杨广遂遣杨素率五千骑兵，先击破蒲州，接着率步兵共计四万人，直逼太原。杨谅优柔寡断，没有抓住战机。手下士兵也不肯用命，所以很快就败了。

杨谅的旧将都受到这次叛乱的连累，有的被杀，有的夺官。由于房玄龄所在的隰城属于汉王杨谅管辖之地，他也派军队参与叛乱了。所以，房玄龄也未能幸免，被贬到河西上郡（今陕西省富县），做了县衙里的一名功曹。

房玄龄自贬至上郡之后，感觉到自己的仕途已走到尽途，对现实充满了绝望，对前途感到渺茫，很长一段时间内，他是郁郁寡欢，万念俱灰。尽管有妻子卢绛儿待在身边，时常劝导他，少了一些寂寞，但他脸上仍然少有笑容，久而久之，终至积郁成疾，一病不起。原以为只不过是一场小病而已，过几天就会好起来，谁知病情来势凶猛，一病便卧床不起。卢绛儿急得六神无主，只好请黑水寺的老僧孤悬法师替房玄龄诊治。

孤悬法师乃一隐世高人，其俗家名字叫啥，谁也不知道。只知他祖籍乃京兆杜陵，北周年间禁佛的时候，他逃到上郡黑水寺挂单。房玄龄贬至上郡后，常陪同夫人卢绛儿到黑水寺进香拜佛，与孤悬相识，两人一见如故，竟成至交。一个畅谈佛道，一个纵论天下，常乐而忘返，宿于寺中与孤悬法师彻夜长谈，二人皆乐此不疲。

孤悬法师虽为僧人，却颇通岐黄之术。他替房玄龄把过脉之后，开了三帖草药，临走时对房玄龄说："施主之病，因积郁而成疾，病由心生。贫僧开三帖药，仅能作固本培元之用，并不能除去病根。俗话说，心病终须心药治，解铃还须系铃人。施主乃时之俊杰，一点就通，无须老衲多言，放下心来，少想那些混沌之事吧！"

自从房玄龄病倒之后，卢绛儿是须臾不离丈夫之左右，昼夜衣不解带，全身心地侍奉病床上的丈夫。谁知房玄龄的病情不但未见好转，反而还日见沉重，后来竟发展到咯血不止，一度处于昏迷状态。

就在这个大雪纷飞的夜晚，从昏迷中醒过来的房玄龄，拉着妻子卢绛儿的手，流着眼泪说："恩师临终之时，将你许配于我，原只望夫妻恩爱，白头偕老，谁知我病魔缠身，一病不起，想必将不久人世。"说到这里，猛咳了几声。

卢绛儿边替房玄龄捶背边说："快闭嘴，不可说此不吉利之话。"她看到房玄龄要吐痰，忙从床底下拉过痰盂，接住房玄龄吐出的痰。

房玄龄接着说："你还年轻，世道又不甚太平，我死之后，你不必替我守寡，找个好人再嫁，好好侍奉以后的丈夫，我在九泉之下也瞑目了。"

卢绛儿虽说是个女流之辈，却生性贞烈，听到房玄龄说到伤心处，忍不住号啕大哭，边哭边说道："你我乃结发夫妻，情笃谊深，夫君若有不测，妾身也不独活，更不会改嫁他人。"

"不要这样。"房玄龄有气无力地说，"拿笔墨纸砚来，我给你写下一纸休书，改嫁定不会招致非议。"

卢绛儿见房玄龄说话当真，突然从头上拔下银簪，猛然插进左眼眶内，用力一旋，将左眼球硬生生地剜了出来。

由于事情来得太突然，房玄龄躺在床上想阻止也来不及，眼睁睁地看着妻子将左眼珠剜了出来，不禁凄惨地叫道："夫人，你怎么能这样呀！"

卢绛儿一手捂住流血的左眼，一手抓着刚剜出的眼珠，颤声说："为妻今自剜一目，以示忠贞，望相公今后不要再提改嫁之事。相公若是不治而亡，为妻将跟随相公于九泉之下。相公若能从此振作起来，妾一眼也不白剜。"

房玄龄失声痛哭，赶忙大叫道："小儒，快来！"

正在外屋烤火的家仆房小儒赶忙跑进来："老爷，有何事？"

"快！"房玄龄急切地说，"替夫人包扎一下，再请郎中来诊治。"

房小儒连忙找来绷带等应用之物，替主母将受伤的眼睛包扎好。然后走出门去，请郎中给主母诊治。

谁知经过这一番折腾，房玄龄的病竟奇迹般地一天好似一天，到了开春的时候，竟能下地行走了。从此以后，房玄龄对夫人的剜目之痛铭记在心，终生对她疼爱有加，言听计从。这种爱，是来之于敬？畏？愧？感激？还是其他？真的是说不清楚。

这一天，卢绛儿对房玄龄说："相公，在你病重之时，我曾到黑水寺许下一愿，若你病好，妾身将随相公再去寺中还愿。今相公病已见好，选个日子，我们夫妻二人到黑水寺去了却此愿。"

房玄龄赞成地说："我也好久未见孤悬法师了，现病魔已去，正欲到黑水寺找孤悬法师摆摆龙门阵。"

夫妻二人商定，到黑水寺还愿。

六、邂逅杜如晦

上郡北部有条河叫葫芦河，葫芦河从西北入境，贯穿上郡全境，由东南出境而入洛川。黄龙山雄踞上郡之北，崇山峻岭，蜿蜒起伏，葫芦河就在崇山峻岭间流过。黑水寺，建在濒临葫芦河的半山腰间。

原野上，树上枝头已泛出细嫩的绿叶，在微风中左右摇晃；不知名的野花，在潮湿的草丛中开始探出头来；耕地里，到处可闻到一股潮湿的、发酵的气息，无数的嫩芽从泥土里钻出来，在阳光下闪闪发光。

在大道上，一辆篷车不紧不慢地行走。

大病初愈的房玄龄坐在车中，夫人卢绛儿坐在他的身边。房玄龄掀开车帘，深深地吸了一口新鲜的空气，感叹地说："春天真好！"

卢绛儿看着房玄龄的脸，脸露喜色地说："相公的气色好多了。"

"是吗？"房玄龄拉过妻子的手，两眼充满了感激之情，"多亏你的照顾，我已经是再世为人了。"

"大难不死，必有后福。"卢绛儿道，"相公只管安心等待，韬光养晦，静候天时，总会有一天，太阳会照到你的头上来。"

房玄龄听罢妻子的安慰之词，哈哈地笑了起来。爽朗的笑声，惊飞了林中的小鸟。

篷车沿着葫芦河逆流而上，过了直罗镇，再行半个时辰，黑水寺已遥遥在望。

车子缓缓停下，房玄龄夫妻二人下车，相互搀扶着拾级而上。黑水寺中的童儿本与房玄龄相熟，见他远远行来，忙进内禀报师父。

孤悬法师闻房玄龄夫妻二人到来，连忙迎出寺门，微笑着说："早上喜鹊叫，知有贵客到，原来是房施主到了。"说罢，将房玄龄夫妻二人迎进寺，直接引至后院厢房之中，命童儿看茶。

孤悬法师看看房玄龄的脸色，点点头道："房施主大病初愈，气色完好如昔，似乎还更有精神了。"

"多谢法师所开的药方。"房玄龄道。

"哟！话不能这么说。"孤悬法师否认道，"老衲所开之药，只能固本培元，治不好你的病，你得的是心病，心病还须心药治，解铃还须系铃人。"

"心病还须心药治，解铃还须系铃人。"卢绛儿道，"这也是法师所开之良药呀！"

"那药引子可就是夫人你了？"孤悬法师笑着说。

"何止是药引！"房玄龄感激地说，"若非夫人耐心地劝导和悉心地照料，恐怕我早已埋骨九泉了。"

"相公何必如此说？"卢绛儿道，"天将降大任于斯人也，必先苦其心志，劳其筋骨，饿其体肤，空乏其身，行拂乱其所为，所以动心忍性，曾益其所不能。"

孤悬赞许地说："知夫莫若妻，夫人果然高见。"

房玄龄看看卢绛儿，再看看孤悬法师，脸上挂满了笑容。

卢绛儿道："法师，相公病重之时，我曾许愿，若相公病好，妾身定当到黑水寺还愿。今天，妾身是来还愿的，你们慢慢聊，妾身到佛堂还愿去了。"说罢起身出了厢房，向佛堂走去，房小儒提着装有香烛的提篮，跟了上去。

孤悬法师待卢绛儿出门之后，关心地问房玄龄："夫人的眼睛是怎么回事？"

房玄龄将卢绛儿雪夜剜目的经过说了一遍，孤悬法师嗟叹地说："好一个贞烈女子！今后你飞黄腾达之时，可要善待于她哟！"

"这个当然。"房玄龄叹了一声，"飞黄腾达，何时是个头啊！"

孤悬法师道："施主乃饱学之士，博古通今，定知大乱之后，必有大治的道理。想必这尘世间之事，施主比老衲看得更清楚。"

"隋文帝渡江灭陈而一统天下，谁知太平景象只是昙花一现，在下早就料到，隋朝的天下不会长久，亡国也只是时间的问题。"

房玄龄分析道："当今皇上乃弑君弑父而篡位的暴君。如今，各地反隋势力逐渐高涨，群雄割据的局面即将形成。"

孤悬法师道："施主既将时局看得如此透彻，又何必急在一时？不如在此静候时局之变化，若遇明主，即可投之，你说如何？"

"嗯！"房玄龄赞许地点点头，又叹了口气说："明主又在哪里？"

孤悬法师忽然问道："施主去过叔虞祠吗？"

"叔虞祠？"房玄龄反问道，"就是晋祠吧？做隰城县尉时，曾去过一次。"

"对，叔虞祠也就是晋祠。"孤悬法师悄悄地说，"听说前不久，唐国公李渊去叔虞祠祭祀，其妻窦夫人在祠中许了愿。"

房玄龄好奇地问："许的什么愿？"

孤悬法师道："听说她放了一笔钱在祠中，说日后要将叔虞祠作为皇祠来祭。"

房玄龄低头不语，心里思索起来。

说到叔虞祠，就有一个"桐叶封地"的故事。原来，晋国的开国始祖是唐叔虞，字子于，是周武王的幼子，周成王的弟弟，姓姬。据传，少年时的周成王，同弟弟叔虞一起玩游戏，他把一枚桐树叶交给叔虞说："这块地方封给你。"

时为辅政大臣的周公旦在一旁正好听得此言，接口说道："天子无戏言，既然说了要封给兄弟封地，就得要封给他土地。"于是，周成王便将以太原为中心的古唐国封给了叔虞，故叔虞就以唐为姓，故又被称为唐叔虞。因为这里有晋水，后来又改称为晋国，太原的晋祠中，一直供奉着唐国开创者叔虞的神像，人称唐叔虞祠。李渊被封到太原，这里本是唐国故地，李渊又被封为唐国公，正欲借此地恢复唐国昔日的辉煌。因而，李渊的夫人窦氏留钱留话，其意就不言而喻了。

房玄龄想到这里，说道："杨广之暴政已激起民变，反隋之义军风起去涌，此起彼落，欲取而代之者，又何止李姓一家？"

正在他们僧俗二人说得起劲儿的时候，忽然从门外闪入一人，悄声问道："何人在此妖言惑众，诽谤朝廷？"

房玄龄闻言，惊出一身冷汗，猛然回头，一名年方二十左右的年青人就站在身后。只见他头扎一条白色儒生巾，身袭一件素绢长袍，腰插一柄竹折扇，潇潇洒洒，儒雅翩翩，一副英俊敏捷的富家公子相。

"如晦，不得胡闹。"孤悬法师指着房玄龄，对刚进来的年青人道："这就是我常对你说的房乔先生。"

"久仰！久仰！"杜如晦听说眼前之人就是慕名已久的房玄龄，双手一揖道，"小可姓杜，名如晦，常闻从叔谈起，房乔先生乃时之俊杰，心仪已久，今日能在此邂逅，真乃三生有幸。"

房玄龄忙起身还礼。

孤悬法师向房玄龄介绍说："这是老衲俗家侄儿，年前入吏部铨选，补了滏阳县尉，赴任之前，特来本寺探视老衲。老衲常在他面前提起房先生。他也一直想结识房先生，只是无缘，今日在本寺相会，二位正可聊聊，老衲这就去给你们安排斋饭。"

杜如晦，字克明，京兆杜陵（今陕西西安）人，生于隋开皇五年（585），小房玄龄六岁。其祖父杜果仕于隋。隋文帝时为工部尚书，封义兴公；父杜咤，任昌州刺史。亲叔叔杜淹亦在朝中为官。

杜如晦出生于官宦之家，自小便受到良好的教育。他自幼聪悟，好谈文史，表面上看，虽是一介文弱书生，但已是一位满腹文韬武略，身怀济世经纶之道的旷世奇才。他尝调预选吏部时，深得吏部侍郎高构的器重，高构曾勉励杜如晦说："你有应变之才，将来必成为国家之栋梁，希望你能保持美好的品德，目下暂时俯就低微的职务，只是为了挣得少许俸禄养家糊口罢了。"

杜如晦由吏部放任滏阳县尉，正好与房玄龄的经历相同，自然又有了交谈的话题。

两人礼过之后，重新坐下。因是初识，尚有些拘谨，先是试探性地说一些客套之言，交谈过后，双方竟都觉得有很多共同语言，逐渐地越说越投机，大有惺惺相惜，相见恨晚之感。由于有了这种感觉，说话也就无所拘谨，说起来也就畅所欲言，毫不隐瞒，纵论天下，放眼古今，真是无所不谈。

房玄龄道："世人皆言文帝励精图治，躬节俭，实仓廪，行法令，君子咸乐其生，小人各安其业，强无凌弱，众不暴寡，物殷谷阜，乃四海升平之世，不知足下如何评价？"

杜如晦道："隋文帝兴修水利，奖励农耕，嘉勉良吏，惩罚贪官污吏，重修礼乐刑法，这些都是善举。可惜只是昙花一现。"

"当今天子呢？"房玄龄问道，"又有何看法？"

杜如晦愤愤地说："弑君篡位，何足道哉！"

房玄龄微笑着说："兴科举之制，抑突厥之兵，开漕河之道，这些不都是善举吗？开皇初，全国仅有三百六十余万人户，现已达八百九十七万，全国人口已翻了一番还足，虽不及汉时文景之治，却也是数百年来少见的繁盛时期。"

"房兄所言，虽是不假。"杜如晦冷笑道，"但这些应该是文帝的功劳，杨广将他老子创下的基业，恐怕要挥霍殆尽了。"

房玄龄点点头，表示赞同。

二人从杨广的骄奢淫逸，到天下的民不聊生，无所不谈。

房玄龄叹了口气道："空有经邦济世之才，忧国忧民之心，又有何用？如今沉沦于这穷乡僻壤之地，与外界音信几乎隔断，形同堰下之鼠，只能潜伏于洞穴之中苟且偷生。"

杜如晦正色道："房兄切不可灰心丧气，以兄之韬略和志向，这穷乡僻壤之地，岂是你长久栖身之所？如果所料不差，不出十年，天下必有你我用武之地。"

房玄龄眼里冒出希望之光："你也是这样认为的吗？"

"不错！"杜如晦非常肯定地说，"房兄尽管暂时蛰伏于此，韬光养晦，静修天时。"

孤悬法师从外面进来道："天色已晚，请二位用斋饭吧！"

房玄龄抬头看看外面的天色，惊叫道："哟！天都快黑了。"

孤悬法师道："没关系，反正是走不了了，老衲已吩咐童儿在厢房搭了个铺，你们就在寺中住一宿，你们二人正好可作彻夜长谈。"

用过斋饭之后，童儿安排房玄龄的夫人卢绛儿和书童房小儒分别在厢房住宿。孤悬法师也早早去睡了。

房玄龄与杜如晦二人秉烛夜谈，推心置腹，畅所欲言，竟毫无倦意。

房玄龄待人和蔼，谦恭有加，有些事情虽心中有数，却也诚心诚意、认真地倾听杜如晦的言论。

杜如晦快人快语，明知房玄龄的才智在己之上，竟也侃侃而谈，毫不做作。

房玄龄经与杜如晦的一夕谈，也深深佩服杜如晦思维敏捷，广见博识，年纪虽轻，对事物的看法却有独到之处。暗思，此人乃治国之才，若遇明主，此人必是同殿为臣，共佐君王成就一番事业的伙伴。

杜如晦经与房玄龄的一夕谈，深深地感觉到，房玄龄博古通今，满腹经纶，胸中所学高深莫测，乃平生少见的时之俊逸。他日若遇明主，同此人同殿为臣，定能做出一番名传千古的大事业。

房玄龄博学而多创，杜如晦明敏而善断，两个饱学之士，一双时之俊杰，惺惺相惜，趣味相投，互相倾慕，相见恨晚。

正是黑水寺这次邂逅，结成终生至交，他日同佐李世民，共创一番伟业，留下了"房谋杜断"的千古佳传。此是后话。

七、烽烟四起

房玄龄蛰伏蹉跎于上郡，翌年，夫人生产，是个男孩，便起名叫遗直。身边有了妻儿相慰，黑水寺中有个孤悬法师可以时常聊聊天儿，滏阳县又有了个杜如晦常以书信往来，房玄龄倒也未觉出多少烦闷。时光悄然流逝，塬上草木枯荣，唯有一颗雄心，永远不泯。

大业五年（609），与房家交厚的薛道衡因谈论时政被小人告讦，隋炀帝杨广下令将其缢死。临刑前，隋炀帝冷嘲薛道衡："朕知道你是一代文宗，现在你一只脚已迈上奈何桥了，不知还能作'空梁落燕泥否？"

消息传到上郡，房玄龄不禁痛哭失声，夫人卢绛儿也几日茶饭不思。后来听说，是房彦谦去给薛大人收的尸。

隋炀帝改洛阳为东都以后，全国实行均郡县田。因害怕人民起义，朝廷下令禁止打造和私藏铁叉、搭钩、刀刃之类兵器。三月，隋炀帝西巡；五月，派四路大军围攻吐谷浑，收降男女十余万口。六月，隋炀帝至张掖，高昌国王曲伯雅及伊吾吐屯设等都得到厚赂，于是相率朝见，隋炀帝将吐屯设所献的土地分辟为西海等四个郡，迁内地囚犯前来屯垦戍边，以通西域之路。

至此，隋朝据有天下一百九十个郡，一千二百五十五个县，是为大隋王朝的极盛时期。也正因为国力的强盛，使得隋炀帝野心越发膨胀，竟不顾民怨沸腾，又发兵攻打高句丽。岂不知这一疯狂扩张的举动竟成为导火索，不久便引燃了全国人民奋起反抗残酷暴政的熊熊烈火，得意忘形的隋炀帝从此步入了自我灭亡的穷途末路。

从大业七年（611）夏季开始，反隋起义在多地爆发。

这年年底，又有杜如晦书信来，说他实在不堪县衙里的污浊，弃官回家了。信中说："当今朝廷腐败，为官者即为帮凶。我等既不能治国平天下，不如退隐以求完节。"

房玄龄见信后十分感动，遂对夫人说："克明要比我有骨气啊！他淡泊功名，不肯同流合污，我则更多的是隐忍，实际上就是妥协，不如他当机立断。"

从此，房玄龄也生出辞官归隐的念头，只是一时还找不到合适的机会。况且，他也不愿意让父母感到失望。

八、杨玄感造反

左仆射杨素位高权重，令杨广心有疑忌。大业二年（606），杨广想除掉杨素。为了不引起乱子，杨广决定暗中将他除掉。于是他便与太子杨昭设下一条计策。

一天，杨广宴请杨素，由太子作陪。席间，君臣关系融洽，三人谈笑风生。其实，这其中暗藏杀机。杨广早就命人备下一杯毒酒，要毒死杨素。不料，不知情的宫女将酒杯弄错了，将毒酒给太子喝了，当时也没发觉。杨广既想掩人耳目，当然不会用烈性毒药让杨素死在皇宫之中。酒席一散，杨广与杨昭二人相视一笑，各自回宫等杨素的死讯。不料，三日后毒性发作的不是杨素，而是太子。太子临死前对后悔不迭的杨广说："不想我倒替杨素死了，这也许是天意吧！"

不料，这话传入杨素耳中。杨素非常后怕，并因之得了病。但他连药也不肯吃，他对弟弟说："我现在死了，恰到好处，若再活下去，难说要遭到什么厄运呀！"不久杨素病故。果然死得风光排场，家属和财产得以两全。

杨素死了，但他还有个儿子叫杨玄感。杨玄感认为父亲杨素虽未被杨广毒死，但也是杨广间接杀害的，就有了报仇的念头。而且他早已对杨广心生不满，有了取而代之的念头。所以他表面虽还和过去一样，暗中却在积极寻找机会。

大业九年（613），隋炀帝杨广第二次率大军去辽东征讨高句丽，命杨玄感去黎阳督运粮食。

当时如火如荼的隋末农民起义已在各地展开。杨玄感岂能放过这个绝好的机会。他当即同自己的几个弟弟和好友李密商议起兵，得到赞同。为了让那些士兵和运粮食农夫死心塌地地同他一起干，他暗施一计。第二天天刚亮，他就将所有的士兵和农夫集合起来，对他们说道："皇上降旨，让我们限期运粮，违期则斩。这里离辽东战场路途遥远，我们根本不可能在限期内赶到。当今皇帝无道，根本不顾百姓死活，像你们这样的兵士和运夫已不知有多少人死在战场上和运粮途中。我实在不忍心让你们白白送死，决定起兵造反。你们愿意随我一起干的，便发誓共讨暴君！"

杨玄感说完这一番话，人群开始是小声议论。后来，不知谁先喊了一声："杨将军，反正我们也是一死，不如跟你一起造反，或许还有一条活路！"众人一听此人说得有理，便都高喊："杨将军，我们和你一起干！"一时欢呼声响彻云霄。

杨玄感见状，也不由得感到振奋，又安抚了一下众人，便按事先与部下王仲伯、赵怀义商议好的编制队伍。附近农民听说这里有造反的队伍，也纷纷跑来加入。

杨玄感将队伍休整了一些时日，便想发兵攻打杨广。但他拿不定主意，先打哪里最好，于是便去找好友李密商议。

李密可不是个简单人物，他本是杨广的禁军左翊卫左亲侍，在大兴殿值班。杨广为人喜怒无常，不知怎么就看李密不顺眼，将他赶出大兴殿，他从此离开了禁卫军。

但李密是一个胸怀大志，得之淡然，失之泰然的人。并不为此气恼，反而更加勤奋向上。有一天，他坐在牛车上看书，牛角上还挂着一套书。正巧被路过的杨素看见，他发现李密气宇不凡，又发现他看的书为《汉书》，便与之攀谈，又将其介绍给儿子杨玄感，两人后来成了亲密的朋友。

杨玄感来到李密的寝帐，发现他正在秉烛夜读。李密见杨玄感来了，忙站起身笑道："杨兄此来可是为发兵一事？"

杨玄感先是一愣，继而赞道："李兄果真料事如神！想必李兄早已想好制敌之计喽！"

李密连说"不敢当"，言罢二人坐下。李密这才为杨玄感出了上、中、下三条计谋：

上策：杨广远征高句丽，南面为海，北面有突厥，只有一条归路。出兵占据临榆关（今河北省秦皇岛以西的榆关），断绝隋兵退路，等于扼住其咽喉。高句丽军闻讯，必在后面追击。用不了多少时日，东征大军粮草断绝，不战自败。

中策：率军直取长安，现在各地农民义军风起云涌，必会积极响应。我们网罗天下豪杰，以潼关天险固守，即使杨广率东征大军回来，也可与之周旋。

下策：进军洛阳，占领都地。但是洛阳守军闻讯必会加强防守，而杨广得到消息也会率东征军回来相助，两军夹击，结局可就难说了。

杨玄感却偏偏选择了李密的下策。他认为打下了东都洛阳，大隋的江山即到手一半了。到那时，东征军必人心动摇，自己再乘胜追击，便可杀死杨广，号令天下了。李密见他执意要先攻洛阳，也不便再劝，只在心中叹息了一声，暗暗为自己做日后的打算。

次日清晨，杨玄感便让他的弟弟杨玄挺为先锋，亲率五万大军直逼洛阳。

但是，果不出李密所料，洛阳守军听闻杨玄感前来攻打的消息，加强了防守。杨玄感久攻不下，两军陷入对峙。杨玄感见状没了主意。想了两天，又决定放弃洛阳，采取李密的中策，攻打长安。

在攻打长安的途中，经过弘农（今河南省灵宝市），弘农太守杨智积为了拖住杨玄感，不让他去攻打长安，便在城楼大骂杨玄感。杨玄感果然中计，下令攻打弘农。李密看出杨智积用的是缓兵之计，便劝杨玄感不要理他，迅速攻占长安。否则不能占领潼关，追兵来到，便无处可守。杨玄感哪里肯听，非要以十万大军踏平弘农，再打长安。

但是弘农城非常坚固，并不是说攻就能攻下来的。还没等杨玄感攻下弘农，铺天盖地的隋军已从身后杀过来。杨玄感的军队毕竟没有经过多少正规训练，人数又比隋军少，被隋军分割成小块，各个歼灭。杨玄感和他的弟弟见大势已去，拨马落荒而逃。跑了不知有多久，来到一个叫葭芦戍的地方。杨玄感回头一看，只有弟弟杨积善一人跟在自己身后。想到自己轰轰烈烈的起义就这样失败了，他不禁长叹一声："唉，悔不该不听李密之言。"又转身对弟弟说："我不能死在隋军手中，你杀了我吧！"

杨积善怎忍心对自己的亲哥哥下手？杨玄感见状大怒，痛斥他。杨积善无奈，上前一剑将哥哥刺死，自己正欲横剑自刎，追兵赶来，将其擒获。

隋炀帝从辽东返回后，即刻下令将杨氏兄弟全部杀光，一个不留。又命人将杨玄感的尸体焚毁。这还不解恨，又对御史大夫裴蕴说："杨玄感造反，竟有十万之众随从！看来天下人还是太多了，多杀些也无妨，还可惩戒后人！"

　　裴蕴等人按杨广的旨意，大开杀戒。凡是与杨玄感沾亲带故，甚至只是沾一点边的全部杀死，连得过杨玄感救济粮的老百姓也不放过。

　　这次杨玄感造反失败，战斗中死亡和受株连被杀的人数远远超过十万之巨，损失惨重。

　　杨玄感发动兵变，对杨广震动最大，对社会各阶层影响最广，论首义之功，决不在陈胜、吴广之下。

　　这一年，房玄龄的父亲房彦谦从隋炀帝东渡辽河，监扶余军道。眼见得朝廷腐败不堪，多半官员都变节了，房彦谦却始终不渝地守职尽责，做人的原则没受半点干扰，真正是众浊而独清，众醉而独醒。他本来身怀出众的才学，有识者曾预言他前程远大，却遇到这等污浊世道，难免被那些执政官员们所诟病。由于告讦中伤，房彦谦被贬为泾阳县令。上任仅半载便忧愤成疾，一病不起。

　　初冬时节，房玄龄得知父亲病重的消息，便告假回家，尽心照料父亲，连着一百天竟没脱衣服。第二年春天，房彦谦病故，时年六十九岁。父亲死后，他一连五天滴水未进。

　　这时房玄龄已经三十七岁了。

　　天下大乱导致群雄奋起。继山东义军之后，国内又有十八路英雄起兵举事，各占邑郡：

　　窦建德在漳南称夏王；
　　李轨在河西称凉王；
　　梁师都在延安称解事天子；
　　萧铣在江陵称梁帝；

　　薛举在陇西称西秦霸王；

　　李密在巩县称魏王；

　　沈法兴在毗陵称上梁王；

　　林士弘在江南称楚王；

　　李子通在江都称吴王；

　　朱粲在南阳称楚王；

　　刘武周在马邑称定阳王；

　　王世充在东都洛阳称郑帝。

　　这些人远比几年前山东义军更厉害，他们大都是昔日的文官武将，有文化，懂谋略，有军队，有实力，一出手便气度不凡，怀着称孤道寡的梦欲从大隋手中分切一块蛋糕，有的甚至不以割据一方为满足，简直就要取大隋以代之。

　　除了这十八路英雄，还有各地大大小小的流民草寇，林林总总竟不下二百余处。

　　大隋的末日即将来临了！这些原本都在房玄龄的预料之中，而此时他守孝期满，已返回上郡。眼见中原已乱，虽有忧国忧民之志，无奈他的经历和所受的教育，又不可能使他加入到农民起义的洪流中去。

　　在他看来，那十八路英雄当中最有潜力的，当数瓦岗寨的李密和河南的王世充。但这二人也是多了些草寇习气，少了些王者风范。凭借敏锐的政治眼光，他仍在观望等待，他想看到一个真正能执掌乾坤的人，一个真正的明主。

九、李渊起兵

天下一乱，隋炀帝心也乱了，见谁都怀疑，觉得不可靠，并开始戒备唐国公李渊。

李渊本是隋将，他的祖父李虎，是西魏八柱国之一。李渊七岁时便世袭唐国公。公元 616 年，隋炀帝任命李渊为太原留守，尽管李渊非常尽心尽力，想博得隋炀帝的赏识，可是隋炀帝还是不信任他。另派自己的心腹王威、高君雄做太原副留守，监视他的行动，李渊敢怒不敢言。

李渊有四个嫡子：李建成、李世民、李玄霸、李元吉。其中李世民最有远见卓识和雄才大略，他看到当时全国风起云涌的反抗斗争，认为隋朝的统治不会长久，只有趁现在天下大乱的时机，夺取政权，才能保住家族的地位和利益。于是，他就开始秘密行动了。

李世民知道光靠自己是不行的。必须找几个有本领的人帮助自己才能成大事。他观察自己周围的朋友、幕僚，发觉有个被关在监狱的叫刘文静的地方官倒是个很有头脑的人，能为自己所用。于是，李世民就到监狱去探望他，试探他说："像您这样正直的人也被关进大牢，这世道真是忠奸不分哪！"刘文静激愤地说："如今还有什么忠奸可言！除非有汉高祖、光武帝那样的英雄人物，不然，天下是安定不了的！"李世民赶忙说："你怎么知道没有这样的人物？只怕是一般人发现不了。今天我来这里，就是想和您商讨天下大事，听听您的高见。"刘文静十分高兴，笑着说："我到底没有看错公子，现在天下大乱，烽烟不断，皇上只顾在江南游玩，这是个好机会。太原城里有很多豪杰，唐国公手下有八九万军队，只要振臂一呼，杀出关去，用不了半年，天下就可以到手！"李世民说："只怕家父不同意，怎么办？"刘文静想想，附在李世民的耳边说了几句话，李世民点头微笑。

第二天，李世民就派自己的亲信带着很多钱财去找晋阳宫监裴寂赌博，借此，与其搭上关系。过了几天，李世民请裴寂喝酒，随后裴寂又回请李世民。一来二去，俩人的关系十分密切了。一次，李世民突然发愁地对裴寂说："皇上把我们李家看作眼中钉、肉中刺，真是朝不保夕啊！看来局势早晚将有大变！我很想乘机干一番事业，只怕我父亲不同意，您看怎么办呢？"裴寂和李渊的交情很深，听李世民这么说，想了想，说："公子不必着急，我自有办法。"

裴寂想起，不久前李渊曾收下了他送去的晋阳宫的两个宫女，便在这件事上作起文章来。一天，他请李渊喝酒，俩人喝得醉眼蒙眬的时候，裴寂就说："都是我害了您，我送您两个宫女的事，怕要传出去了……"李渊大吃一惊，吓得酒醒了一半。私留宫女，灭门之罪，这可如何是好！裴寂赶忙说："二公子世民怕事情败露，招来大祸，正在招兵买马，网罗人才。我看先下手为强，起兵反隋，也许成功。"李渊低头沉思了一会儿，无可奈何地说："事到如今，也只好如此了。"李渊走后，裴寂忙派人把这个情况告诉了李世民。

从这以后，李渊一想起宫女的事就发愁，吃不好，睡不下。偏偏这时候他手下的将军又在打仗中失利，李渊更加不安，生怕皇上怪罪下来。一天，他正在屋里踱来踱去，焦虑地想这些事，突然闯进一少年，说："父亲，您不当机立断，还待何时？"李渊一看是李世民，便问："你有什么主意？"李世民说："大祸临头了，不如这时顺应民心，举兵反隋，夺取天下。我观察了天下大势，才敢这么说。您一定要告发我，我只好听命。"李渊叹气道："我怎么忍心告发你，只是，以后你可要千万小心，不要随便说这样的大胆言辞。"第二天，朝廷命令李渊出兵去镇压农民起义军。李世民劝李渊说："父亲不要再犹豫了，平不了盗贼，是您的罪过，平了盗贼，也不会得到信任。还是快作主张吧。"李渊走投无路，这才下定决心，起兵反隋。

李世民先是伪造皇帝的命令下一道公告征兵，引起老百姓的强烈不满。接着又想出一条公开招兵的妙计。一天，李渊对两位副留守说："叛匪头子刘武周现在占据了汾阳宫，要立即平叛。可是天子远在天边，这如何是好？"王威、高君雄说："事情紧急，留守这时候就自己决定吧。"于是，李渊就名正言顺地打着"讨贼"的旗号，派李世民、刘文静到各地征兵。又暗地里派人去通知其他几个儿子和女婿到太原相会。

不久，李渊的兵力急速加强，又都由他的亲信统率。王威、高君雄起了疑心，决定暗杀李渊，不想消息走漏。李渊和李世民先下手干掉了隋炀帝的这两个耳目，然后诬告他俩阴谋引敌入侵，这就是"晋阳宫事变"。

但在这时候，天下各路英雄都在割据地盘，更有突厥骑兵数万人不时南侵。李渊要想实现自己的计划，首先要解决与突厥的对峙局面。

刘文静向李渊建议跟突厥和好，这样不仅可以解除后顾之忧，还能借助突厥骑兵的力量，可收一举两得之益。李渊接受了刘文静的建议，主动给突厥首领始毕可汗修书一封，内中言道：

"当今隋国形势大乱，百姓水深火热，如不挺身而出，恐遭上天责罚。我现大举义兵，志在绥靖天下，将困在远方的皇帝接回朝中，并与突厥继续亲和，对突厥的好处一定超过开皇时期……如果突厥可汗能够支持我，不侵扰我的百姓，那么我在征伐过程中所得到的一切子女、玉帛，将全部送与可汗。"

遂命刘文静为特使，去拜见突厥首领始毕可汗。不久始毕可汗回话，对李渊提出的"超过隋朝给突厥的好处"一项特别喜悦，并建议李渊不必"远迎主上"，而应取而代之。裴寂、刘文静等人都赞成突厥可汗的意见，以为大将军索性称帝为尊，何必"掩耳盗铃"。李渊仔细考虑，认为目前实力还不是很足，树大招风，不如暂伏其爪。于是打出一个折中的旗号：尊隋炀帝为太上皇，改立隋炀帝的孙子杨侑为皇帝，李渊以大丞相之名掌国。

及至李建成、李元吉和柴绍率军队前来会师，李渊便正式建立自己的大将军府，并传檄四方号令天下。檄文称：当今圣上执政不当，请退位去做太上皇，由代王杨侑接替皇位。檄文历数隋炀帝之罪，自称义师，欲解天下百姓于水火。

公元617年7月2日，亦即隋大业十三年五月二十四日，李渊正式宣布起义。这日，晋阳军门前，但见旌旗猎猎，鼓角铮鸣，三万人马宣誓出征。李渊将所率之部分为左、右、中三路大军，以长子李建成为陇西公，并左领军大都督；次子李世民为敦煌公，并右领军大都督；以李元吉为姑臧公，代表李渊率中路军。李渊则由裴寂等人上尊号为大将军，裴寂为大将军府长史，刘文静为司马，唐俭和原隋大兴城尉温大雅为记室，温大雅与其兄弟温大有共掌机密。武士彟任铠曹，刘政会等三人任户曹，原隋晋阳长史姜謩任司功参军。柴绍任右领军府长史，配合李世民工作。

于是，这支在农民大起义的风暴中，从隋朝统治集团内部分裂出来的武装力量，正式踏上了反隋的进军道路。大军阵容整齐，精英如云，一路浩浩荡荡，向隋都大兴城进发。随同出发的还有两支突厥兵马：东突厥始毕可汗派来的康鞘利率领的两千骑兵，西突厥阿史那大柰率领了一支步兵。李渊又派通议大夫张纶带兵去招抚稽胡，即从中亚移居汾水的昭五九姓部落，那些兵将骁勇异常。

三天后，李渊大军第一役便攻下西河城，擒斩西河郡丞高德儒，收其部将，慰劳当地军民官吏，并给穷困者发放赈济钱粮。八月初，又拿下霍邑，之后连克临汾（今山西省临汾市）、绛郡（今山西省新绛县）、龙门（今山西省河津市）诸郡，很快便打开了通往关中的门户。中旬，敦煌公李世民受命率右路军夺取渭北，大军沿渭水西进，沿途守军纷纷归附。抵达渭阳之时，李世民的队伍已发展到九万多人。

十、渭北投军

身处上郡的房玄龄，见李渊父子的军队纪律严明，战斗力强，而且礼贤下士，深得民心，颇有定天下的大志，便毅然离开上郡去了渭阳。行前，他去黑水寺与孤悬法师告别，孤悬赠他一把长剑，合掌言道："良禽择嘉木而栖，贤臣择明主而事。如今已是云破日出，你就去吧！"又说，"我已给克明修好一封书信，不出三月，定叫他去军中找你。"

这是隋大业十三年（617）八月下旬的一个阴雨之日，房玄龄与妻儿一起上路了。卢绛儿和孩子乘坐马车去大兴城，房玄龄让他们暂往母亲处住着，因为他这一去，此后必是匆匆军旅，上郡亦非归所。

时年三十八岁的房玄龄决意出山，在这纷纭乱世里寻求自己真正的事业。这是他等待了多年的一次郑重选择，是他处于人生低谷时的一次奋起，也是时代给予他的一次难得机遇。所以他显得毅然决然，身边只带着孤悬法师送与他的那把长剑。

行至路口，要分手了，夫妻二人执手相看泪眼，无限眷恋，不忍西东。房玄龄道："投军以后，难免九死一生。但我志向已定，虽九死亦无悔。夫人曾剜目以示忠贞，今后即使我不再得见夫人一面，这一生也永无遗憾了。"

卢绛儿道："功业未成，夫君还是不要说那些恓惶的话吧。为妻有婆婆相伴，管保替你把儿子养好就是了，你自不必担心。今后的事，夫君务必小心则是；一旦得了安稳，为妻便去随你。"

二人洒泪相别不提。却说房玄龄一路风尘，昼夜兼程，胯下白马也累死在当途，这一日便蒙着一身风尘来到渭阳城。见街巷到处都是盔甲簪缨，旗帜上绣着斗大的"唐"字，便知道是来到李家军的驻地了。房玄龄策杖徐行，行至中街一座虫王庙前，见庙墙上贴着一张布告，布告上声言："义军广纳豪杰，凡有愿意为国家效力者，经人举荐便可注册。"

房玄龄正驻足观看，忽有一位纶巾白脸的官员走过来，在他肩头重重拍了一下，朗声叫道："啊呀，这不是房乔先生吗！你怎么不在上郡供职，跑到渭北来了？"

房玄龄转头一看，却是前内史省文林郎温彦博。房玄龄与温彦博原是旧识，但自从他迁至幽州总管罗艺手下任司马以后，就再也没见过面。温彦博与其胞兄温大雅都极富文才，温彦博对房玄龄的才学也早有仰慕，如今温彦博随罗艺一起归唐，授幽州长史，封西河郡公。

得知温彦博此时就在李渊帐下为官，房玄龄不禁大喜，便把前来投军之事说过。温彦博遂执手说道："举荐人非我莫属啊！房公你且随我来，我领你去见敦煌公。"

于是随了温彦博前往临时军府。不待侍卫通报，温彦博径自奔了进去，悦然禀报说："主公且看，我为您引了谁来？"

却见上座一把交椅，坐着一位年轻将军，一身紫色金边战袍，手按一柄青龙长剑，卧蚕眉，细长眼，面庞清秀，身躯魁伟。温彦博又说："主公可记得，当年司隶刺史房孝冲吗？这一位便是孝冲先生的公子，房玄龄啊！"

上座的便是十八岁的敦煌公李世民，此时正与帐下几位将领研究进兵方案。李世民当然知道房彦谦的大名，但对房玄龄却并不熟悉；既然有温彦博推荐，李世民便将房玄龄留下，说："你且在我军府中安顿了，择日再与君求教。"遂执手出帐相送，嘱咐温彦博好生款待。

三日后，李世民果然把房玄龄找来长谈，深感他文韬武略，才华绝代。于是欣喜不已，说道："与君相识，有如见到久别的故人。"房玄龄也觉得李世民礼贤下士，平易近人，弱冠之年却能持重。两人互谈军事，交换见解，往往一拍即合，相知恨晚。

于是，三十八岁的房玄龄被署为渭北道行军记室参军，执掌军符、文告、军机之事，起草章表文檄。

十一、灭隋兴唐

眼下，李渊手里只有几万兵马，若要实现霸业，隋炀帝自然是他的头号对手。但此时隋炀帝正在江都（扬州），被各地义军闹得焦头烂额，既回不了大兴城，也无法回到洛阳，这样就无法组织对李渊的镇压。天下英雄众多，谁的野心都不小，若想一个个吃掉，最后实现一统，那恐怕十年八载也搞不定。再说李家军实力并不算强，仅瓦岗寨翟让与李密一支人马，就胜过李渊几倍，何况周围还有薛举、王世充等诸多割据势力，正虎视眈眈。

九月，李氏集团在先取河东还是先从龙门渡河直取关中这一重大决策上发生了分歧。正在集团决策层莫衷一是的当口，刚刚投奔李世民幕府做谋士的房玄龄，正好有机会一展自己的文韬武略。他审慎分析了当下时局之后，对李世民说道："承蒙主公知遇之恩，玄龄三生有幸。既已为主公之犬马，自当知无不言。当初汉王杨谅兵败，是因为坐失良机；如今杨玄感起兵又败，是因为决策失误。依玄龄之见，我军可直入关中，首先占据大兴城，则三辅之地可指挥而定，据有府库，则不虑无人归附。这样，东面以保河东，西面而争天下，则霸业可成。"

虽然房玄龄说话慢声细语，谦恭之状一如文弱书生，但李世民还是听得出其中的深谋远虑。李世民年轻气盛，自小就跟随父兄戎马倥偬，性格上与房玄龄截然不同。但他天资聪慧，熟谙兵法，对天下大势怎能没有解读？只是不及房玄龄想得说得这么周全。李世民于是大喜，遂从房玄龄之说向父亲献计，并概括为"两从之"。也就是说，既要派兵监视河东地区，又要进占关中。

十一月底，占领了长安大兴城的李渊，立代王杨侑为帝（即隋恭帝），改元为义宁元年，遥尊龟缩在江都的炀帝杨广为太上皇。李渊则为假黄钺、使持节、大都督内外诸军事、尚书令、大丞相，改封唐国公为唐王，位在王公之上。又以武德殿为丞相府，设官置事，总揽军国大政。

与此同时，李渊又以长子、陇西公李建成为唐世子，以次子、敦煌公李世民为京兆尹、秦国公，以四子、姑臧公李元吉为齐国公。又以裴寂为丞相府长史，以刘文静为丞相府司马。翼护之下的隋恭帝，不过是个傀儡而已。

唐军进城没几日，杜如晦由杜陵老家来找房玄龄，二人相见，不禁喜泪纵横，叙说些阔别思念之情。随即房玄龄便把如晦引荐给李世民，授杜如晦为秦王府兵曹参军。

两个月后，随着势力逐渐扩大，李渊又大封功臣。封丞相府长史裴寂为魏国公，封丞相府司马刘文静为鲁国公，进授光禄大夫。其余晋阳旧吏，均有不同层次的加封。

却说此时的隋炀帝，见中原的瓦岗军镇压不了，回大兴城收拾残局也不可能，便考虑在江东长住下去，想改在建康（今南京市）重新立都。他把想法跟大臣们一说，内史侍郎虞世基等人立刻随声附和，只有右后卫大将军李才反对，竟与虞世基争吵起来。

门下录事李桐客道："江东地方偏僻潮湿，土地狭窄，根本养不起国家政权，老百姓受不了会起义的，只怕到时候后悔也来不及了。"不料这话又引得监察御史不悦，弹劾他"谤毁朝政"。这一来大臣们害怕了，纷纷改口说："江东之民早就盼望皇帝来了，这可是大禹治水南会诸侯一样的举动啊！"

　　六神无主的隋炀帝只能以阿谀之言来饮鸩止渴，于是着手他的迁都计划。但他手下的军队多是关中人，眼看着江都的粮食快要吃光了，实在不想在江都再住下去。见隋炀帝没有回家的打算，那些武将便私下里商量逃跑。

　　郎将窦贤率所部兵马集体逃跑，被隋炀帝派人追上斩首了，但逃亡者还是不断。隋炀帝便派虎贲郎将司马德戡带兵驻扎东城，防止再有人西逃。司马德戡和他的密友元礼、裴虔通商量："如今士兵们人人想逃，我如果报告，可能会因为管理不严而被杀；如果不报告，他们逃后我又会因为事先不警惕而被杀。横竖都是个死，有什么好办法呢？"

　　元礼和裴虔通都说，只有大家一起逃走最是上策。于是这些关中人开始互相串联。内史舍人元敏、虎牙郎将赵行枢、鹰扬郎将孟秉等人，都参加了这个叛逃集团。他们商定了逃跑时间和办法，以为法不治众，也就不怕隋炀帝的耳目打探。终于有个宫女把事情向萧皇后报告，萧后让她直接向隋炀帝报告，隋炀帝却恼怒地说："这哪是你这当宫女的管的事，妖言惑众！"竟下令将她斩首。

　　以后又有宫女跟萧后报告此类事，萧后便心灰意冷地说："事已如此，无可救药，何必再用这些琐事让皇上心烦呢？"

　　虎牙郎将赵行枢与宇文智及私交甚好，便告诉他众人集体叛逃的打算。宇文智及说："皇上虽然无道，但威令还可以贯彻。如果你等逃跑，恐怕要跟窦贤一样被追杀的。"

　　司马德戡说："那该如何是好？"

　　宇文智及说："如今是天将灭隋，所以天下英雄并起。现在江都想叛逃的人足有数万之众，不如我们自己起来做大事，灭了隋朝，建立自己的帝业！”

司马德戡立刻表示同意。但宇文智及毕竟人微言轻难以服众，赵行枢便请宇文智及去找他哥哥，便是右屯卫将军宇文化及，请他做起兵的盟主。宇文化及一听要他领头兵变，竟吓得变色流汗，俄顷才意识到这是天上掉下来的做皇帝的机会，忙又点头应允。

公元618年三月，司马德戡派部将许弘仁、张恺闯进备身府，对所有相识的卫士们说：“皇上听说大家想逃，准备好了一大堆毒酒，想召集一次大筵，把我们全都毒死，他自己跟那些南方人继续在江都住下去哩！”卫士们一听害怕了，相互转告，并跟司马德戡说：“你说该怎么办吧，我们都听你的！”

司马德戡当日下午便盗得御马，准备好了兵器。这天夜里正好是元礼、裴虔通在内殿值班，司马德戡便下令军士们动手，数万人在东城举起火把，呐喊之声惊天动地。

隋炀帝见宫中火起，又有喧声不绝于耳，忙问发生了何事。裴虔通回道：“草坊失火，外面正救呢！”此时，宇文智及和孟秉早已在宫城外集合了千余人，分兵把住了各处交通要道。

黎明时分，叛军杀进宫中，司马德戡和裴虔通亲率数百骑直冲成象殿。右屯卫将军独孤盛跑出来问裴虔通：“这是从哪里来的兵，我怎么从没见过？”

裴虔通高声叫道：“事已至此，不关将军的事，将军就别问了！”

独孤盛方知是兵变，来不及穿上盔甲，急忙率十几个人出来抵抗，即刻便被叛军杀死。时有千牛校尉独孤开远，率数百殿内卫士去请隋炀帝，敲门大叫：“现在咱们还有兵有将，只要皇上亲自出战，足可以挽回败局，否则就大祸临头了！"喊了好久不闻回应。原来隋炀帝早已换上便装，不知躲到哪儿去了。

宇文化及收买了一个姓魏的宫娥，领着裴虔通等人来到永巷，问一美人："陛下在哪儿？"美人手指里屋不语。校尉令狐行达拔刀入内，隋炀帝靠窗说道："你要杀朕吗？"令狐行达说："臣不敢，只想跟陛下回大兴城。"

隋炀帝被押到裴虔通跟前，说："你不是朕的老朋友吗？为什么要造反？"裴虔通道："臣不敢造反，但将士们都想回家，所以想和陛下一起回京师。"

隋炀帝以为可以躲过这场劫难，假意骗他说："朕刚想回京师去，正等着运粮的船呢。既然如此，朕现在就跟你们一起回去！"裴虔通一时不知如何是好，于是让士兵将隋炀帝看住，等候宇文化及来处理。

天已大亮，孟秉去找宇文化及，并告诉他兵变已经成功，皇上已被捉住。宇文化及紧张得说不出话来，碰见人就低下头说："罪过！罪过！"众人不由分说，将宇文化及拥进宫门。司马德戡将他迎入朝堂，连声称他为"丞相"。

裴虔通见倚仗的盟主来了，这才去对隋炀帝说："现在百官都在朝堂，陛下应当去慰劳慰劳。"士兵把马牵来，隋炀帝嫌马鞍太旧，等换了新鞍才肯上马。

隋炀帝一被押出来，政变士兵就一片欢呼。隋炀帝问："虞世基在哪里？"马文举道："已经砍头了。"隋炀帝被押到寝殿，裴虔通、司马德戡都举刀侍立左右，隋炀帝这才明白今天是躲不过去了，长叹一声道："朕何罪至此？"

马文举说："陛下违弃宗庙，巡游不息，外勤征讨，内极奢淫，使丁壮尽于矢刃，女弱填于沟壑，四民丧业，盗贼蜂起；专任佞谀，饰非拒谏；何谓无罪？"

隋炀帝道："朕确实对不起百姓，不过你等与朕一起享受荣华富贵，为何要这样做呢？今天是谁带的头？"

司马德戡说："天下无人不恨你入骨，岂是一个人带头能做的事！"

宇文化及便让封德彝来控诉隋炀帝的罪行。隋炀帝对封德彝说："你本是食朕俸禄的士人，怎么也做起这种大逆不道的事来了？"封德彝竟一时说不出话来。

裴虔通怕隋炀帝用花言巧语动摇军心，挥刀斩杀了隋炀帝十二岁的爱子赵王杨杲，鲜血溅在隋炀帝身上，隋炀帝才知大势已去。他对裴虔通恳求说："天子自有天子的死法，不能用刀。去给我取一杯毒酒来吧！朕要自行了结。"

马文举担心迟则生变，不许人去取毒酒，遂让令狐行达把隋炀帝按在床上，想用刀杀他。隋炀帝知道再顽抗也无济于事，便自己解下腰间的练巾，交给令狐行达说："还是爱卿手轻些儿，就命你送朕走罢！"

令狐行达便用那条练巾，将隋炀帝勒死在床上。

杀死了隋炀帝，宇文化及即立秦王杨浩为帝，自己为大丞相。其时王世充在洛阳，闻知炀帝已死，赶紧把越王杨侗扶上皇帝宝座，在东都匆匆加冕，改元皇泰。这样一来，加上李渊挟持下的恭帝杨侑，大隋天底下竟同时有了三个皇帝。

天下乱成了一锅粥。正所谓"公鸡多了，母鸡打鸣"，皇帝多了哪个也不值钱。李渊在大兴城，觉得恭帝杨侑已无用处，在对隋炀帝之死假装表示悲伤之后，便派人去告诉恭帝杨侑："隋朝天数已尽，你必须把玉玺交给有德之人，这个人只能是唐王李渊。"杨侑本来就是李渊手中的傀儡，怎敢不从？

公元 618 年五月，隋恭帝宣布退位，将皇帝宝座"禅让"于李渊。李渊遂在武德殿即位，并将新王朝命名为其家族的封号——唐，改年号为武德。

这一年，李渊五十三岁。

六月，黄袍加身的李渊追尊高祖为宣简公、曾祖为懿王、祖父李虎为景皇帝、父亲李昞为元皇帝，又尊死去的母亲独孤氏为元贞皇后，追谥已故妻子窦氏为穆皇后。祭谥了先辈之后又安排亲族：立长子李建成为太子，封次子李世民为秦王，四子李元吉为齐王；又封从兄李白驹为平原王，从弟李孝基为永安王、李叔良为长平王、李神通为永康王、李神符为襄邑王、李德良为新兴王，封侄子李道玄为淮阳王、李博义为陇西王、李奉慈为渤海王。又命李世民为尚书令，裴寂为尚书仆射，刘文静为纳言，萧瑀、窦威为内史令。

由秦王李世民提名，时任秦公府记室参军的房玄龄，也受封为临淄侯，并以本职兼陕东道大行台考功郎中。杜如晦也授为行台司勋郎中，封爵建平县男。

至此一切封建完毕，一个新王朝正式诞生了。紧接着便是废除大业律令，修定新格；边要之州设立总管府；置国子学、太学、四门学，生员四百余，郡县学亦置生员……

但此时天下已是一盘散沙，那些拥兵自重的英雄谁肯臣服别人？识相的割据一方占山为王，不识相的还想兼并别人地盘以扩大自己的领土。打着杨氏宗室招牌拥立新主的就更不甘心了，必欲剪除李唐才肯罢休。所以，李渊虽然是把唐王朝立了起来，根基却未能牢固。

十二、大唐一统

自从房玄龄进入秦王幕府，他的才干很快就被大家所赏识。他每次起草军书奏表，都能很快写成，而且语言简练，内容充实，道理还讲得非常透彻，且从来不打草稿，实令李世民称奇。尤其是他几次献策都取得了善绩，足以证明他是个不可多得的人才，所以李世民对他格外宠信，令随左右。

唐王朝建立之初，天下群雄尚未定。许多隋朝旧将还在割地称雄，农民起义军也各自称霸一方，因而统一全国的任务还相当艰巨。李渊不甘心只占据关中一隅，于是开始储粮积粟，屯兵买马，充实军队，广揽人才，为了削平群雄做准备。

李渊父子先后笼络了翟让、李密领导的瓦岗军和杜伏威领导的江淮起义军。李世民在期间更是临危受命，先是出兵打败了盘踞陇西的薛举、薛仁杲父子，后又击败了割据山西的刘武周。

在攻打刘武周时，刘武周有个得力手下叫宋金刚，宋金刚军在败给李世民的时候，其手下大将尉迟敬德向李世民军投降。李世民因此收获了一员猛将，不禁大喜，后来任命尉迟敬德为统军。

在这次大战役中，房玄龄的战马被对方的箭射中右眼，流血而死。战事结束后，李世民马上给他一匹白马，并跟他开玩笑说："你家里有一位独眼婆姨，我不能再让你骑一匹独眼战马了。"房玄龄虽然得到了一些安慰，但还是很痛心，他亲手将死马埋葬了，并题写墓碑：房马吾儿之墓。

李世民对众人道："烽火之中尚存蝼蚁之惜，足见玄龄之重情义！"

李世民刚平定刘武周，占据洛阳的王世充又掀起了战事，李渊马上命李世民统率诸军出潼关征伐王世充。

值得一提的是，攻打王世充前夕，恰好赶上房玄龄夫人分娩，母亲高芸若便想让房玄龄留在秦府。房玄龄不敢违背母亲意愿，就把母亲的想法支支吾吾地跟李世民说了。

李世民微笑问道："弄璋之喜，还是弄瓦之喜呀？"

房玄龄说："弄瓦，弄瓦。"时下把生男孩称为"弄璋之喜"，生女孩则称"弄瓦之喜"。这是房玄龄的第一个女儿，他是非常高兴的，所以自己也不忍离开。

李世民随即摘下冠上一颗宝珠递与房玄龄说："这颗珠子是我母亲送我的，听说它能避邪，就送给你女儿吧！不过你还是要跟我一起出征为好。不然，万一有事要同你商量，怎么办？"

见秦王如此倚重，房玄龄不好说二话，只得跟家人辞行随军到阵前去了。临行之前，他给自己的宝贝女儿起名叫"奉珠"，以志秦王对他的关怀。

李世民和王世充的战役打得非常艰难，王世充是个曹操式的人物，他的实力是完全可以和大唐王朝抗衡的，只可惜他遇见的是技高一筹的李世民。眼看就要失败之时，王世充赶紧求助了位于河北的窦建德。经过一轮又一轮的斗智斗勇，李世民镇压了窦建德，迫降了王世充。随后又搞定了刘黑闼和徐圆朗的军队，至此，中原大地的农民起义军均被李渊父子所灭。

房玄龄本不以武事见长，这段时间他的主要身份是秦王李世民身边的一个侍从，替李世民起草文书，在高层军事会议上做记录，安排主帅行止，战后考功注册，等等。他同时也在战争中受到了洗礼，经受了血与火的考验，并在战争中成长，逐渐培育出了超群的才华。

经过数年苦战，李渊父子终于等来了唐王朝统一天下的时刻，而属于房玄龄的时代也正式到来。

第二章

玄武门风云

一、英才招妒

宫闱争斗自古屡见不鲜，这是封建皇权统治的必然产物。权力既意味着个人意志的体现，也意味着利益的满足，所以，历朝历代都有那种权力欲望膨胀的人，不惜动用一切手段来达到个人目的。刚刚过去的隋朝，就曾演出过隋炀帝杨广弑父登基的活剧，而在此之前的北周，也有过宗族自残的先例。对于李唐王朝的皇室成员来说，这些事情都曾亲身经历，亲眼所见，所以在他们的观念中，并不以此为稀奇，甚至可以说是轻车熟路。在权力面前，亲情并不值钱。

"冰冻三尺，非一日之寒"。唐宫玄武门事变的最初导火索，可以追溯到八年前民部尚书刘文静被诛一案。所以，此处须得描出一条重要隐线，单表秦王李世民与太子李建成之间的矛盾由来。

刘文静祖籍彭城（今江苏省徐州市），后来迁居京兆武功（今陕西省武功县）。祖父刘懿曾任北周石州刺史；其父名刘韶，跟隋文帝杨坚打天下时战死沙场。刘文静从小随同父祖征战，"袭父仪同三司"，可谓勋爵之后。李渊任太原留守时，刘文静正在太原做晋阳县令，其时便结交了李世民。他对隋朝灭亡的前途了然于心，一夜与裴寂同宿，见城上烽火照天，裴寂叹息道："你我都是位卑之人，家道中空，又逢这乱离之世，该如何谋生呢？"刘文静笑道："世途如此，时事可知。你我二人情投意合，何患位卑！我见主公有四方之志，日后必成霸业，而李世民才华盖世，天资过人，天下之豪杰也。"从此，刘文静追随李氏父子左右，常与李世民密谋反隋之计。

李渊反隋以后，刘文静以其文韬武略而屡建大功，其间曾多次受命出使突厥，使得始毕可汗与李唐交好，为李渊解除了北方一个最强劲的敌人。李家军挥兵进取长安大兴城时，刘文静据守潼关，打退了隋将屈突通多次西援长安的进攻，使李家军免遭腹背夹击之灾。不仅如此，刘文静还击败并俘虏了屈突通，使李渊得到屈突通这员干将。

武德元年（618），刘文静随李世民征讨薛举，不慎兵败高蔗城，受到撤去纳言之职的处罚，但不久又因李世民的保举而被任命为民部尚书。刘文静是个很有才略的人，他觉得心里很不平衡，因为在各方面都逊于自己的裴寂，只因是李渊的亲信，便占据尚书右仆射之高位，心中常常愤恨不平。裴寂自然也难免嫉妒之心，便经常在李渊面前说他的坏话。

刘文静经常与弟弟、通直散骑常侍刘文起在一起喝酒，酒酣气盛，便拔刀对着柱子猛砍，并且大叫："应去砍了裴寂那厮的脑袋，再教他小人得志！"恰好此时，刘文静家中频频闹鬼，刘文起便叫来巫师作法祛邪，星光下披头散发，口中衔刀跳大神。这又被人报告了李渊。刘文静有个侍妾不得宠，也暗中让她哥哥诬告刘文静有谋反之心。这一连串现象引起李渊的警觉，于是李渊便派裴寂、萧瑀负责审查此事。

你想那刘文静居功自傲，原本只是对裴寂有气，哪里晓得背后会有这等凶险？便对重臣萧瑀坦言道："当初太原起兵之时，我愧居司马，算起来与裴长史的职位声望大致相当。如今裴寂官居仆射，阔门豪宅，而我的官衔与所受赏赐却跟一般官吏没什么两样，岂非不公吗？想我东征西讨盖有年矣，老母留在京师，风风雨雨无所庇护，确实有些不满情绪，那是由于酒后口无遮拦，并无谋反之心啊！"

李渊哪里肯信？断言道："他已然生了二心，不谋反又该怎的？此人断不能赦！"

大臣萧瑀和李纲等人，也都极力证明刘文静没有谋反之心，秦王李世民作为刘文静的好友，更是在父亲面前替他求情："过去在晋阳，是刘文静先定好了起兵大策，才告诉裴寂，而攻克京城之后，任用待遇相差悬殊，文静不满也是情理之中。但若定他谋反，则言过其实。"

别人十句话，也不抵裴寂一句话。李渊过分恩宠裴寂尽人皆知，就连儿子李世民的话也只当耳旁风了。裴寂道："刘文静才智谋略在众人之上，加之其人性情阴险，如今天下未定，留着他必成后患。"

其实这话背后还包藏着一层更为险恶的用心：这样的人成为李世民的左膀右臂，皇上你往后的日子还会好过了吗？李渊自是心领神会，于是下令处死了刘文静，并没收其全部家产。

刘文静临刑前一声浩叹，不禁泪如雨下："走狗烹，良弓藏，前人斯言故不虚也！"令人想起汉代的韩信。

事情远不止于此。刘文静一案不仅暴露出唐初统治集团内部的权力斗争，也再一次表明李渊的偏听偏信，赏罚不明。裴寂在讨伐刘武周大败而归时，李渊只是叫人简单审问一下做做样子，然后对裴寂抚慰有加，仍让他镇抚河东，而刘文静仅仅因为有高蔗城那一场败绩，就遭到除名处分，此后一直受冷落，这分明是李渊任人唯亲。

早在刘文静被诛之时，房玄龄就觉察出这是个不祥信号。别人或许更多看到的是李渊亲疏之遇，房玄龄则洞察出李渊及其近臣们的深一层用心，并预见到日后将有大患，正所谓"螳螂捕蝉，黄雀在后"。

但秦王实在是个很优秀的人，一个出色的帅才，很难想象没有李世民的唐王朝会是怎样的情状。加之房玄龄忠贞保主的一片赤子之心，所以他不能不时时处处替秦王着想。但在彻底削平军阀割据势力之前，房玄龄的"工作重心"主要是辅助李世民武力征战，蕴藏在宫闱间的阴谋他还来不及仔细应对。他曾经对李世民说："主公一人足撑我朝半壁江山，切不可因顾虑个人荣辱而放弃努力啊！"

同时，他也在小心观察着事态的变化，一有风吹草动，便及时提醒秦王该注意的事项。他就像个忠实的老管家，呵护着比他小二十岁的少主人。

杜如晦有一次对他说："玄龄兄之于秦王府，有如亚父之于霸王。"

李世民自然深知房玄龄的为人和作用，便特意在秦王府东墙外紧邻后花园的地方，修了一座宅院，让房玄龄把家眷接过来住。这样，随着战事的逐渐平缓，多年戎马倥偬的房玄龄终于有了相对稳定的家居，母亲高芸若和夫人卢绛儿又能伴随他身边了。

一日，李世民特意过房家来看望玄龄老母，竟以侄儿之礼相拜，慌得房母高芸若不知如何是好。见后庭的香炉长满了绿锈，知是房家早年从临淄带过来的，李世民便吩咐侍卫将秦王府的一对鎏金香炉搬来，感动得高芸若涕泪涟涟。

卢绛儿刺目示贞的故事，李世民早就听房玄龄讲过，并且由衷敬佩。但李世民不忍心看见房玄龄整天只守着独眼老婆过活，便想送一个美女与他为妾。李世民对卢绛儿说："玄龄与我情同手足，今天本王给玄龄做媒，赏个美人当你妹妹，如何？"

房玄龄在一旁慌忙去扯李世民的袖口，李世民却佯作不觉。卢绛儿冷脸说道："殿下的心意臣妾领了，只是我们家里屋子少，怕是容不下第二位夫人的。"

李世民笑着说："那好办，我既然能给你修这座宅院，就能给你再扩大几间嘛！"

卢绛儿急得满脸通红，说："殿下当得大唐一半的家，就没有别的好赏赐了吗？臣妾虽然丑陋，却也给他生了儿子呢！"说罢竟有泪花在那只独眼里转着。

李世民又道："大臣迎娶妾媵都有制度，本王府中的文武官员，怕只有玄龄一人没娶妾了。知道的说他从一不贰，高洁自守，不知道的会说本王亏待谋士呢！"

不管他怎么说，卢绛儿只是不肯，竟敢独自回了卧室，避开了。

李世民隔着门帘正色说道："你这便是抗旨不遵了，怎好如此对待本王？来人哪，给我拿一杯鸩酒来！"

谁知卢绛儿一点也不含糊，一阵风似的撞出来，端起酒杯就喝，喝得点滴不剩。放下酒杯却说："殿下这酒酸哩！"

一句话说得李世民再也绷不住脸面，于是放声大笑起来："醋焉能不酸？夫人原来善吃醋啊！"

众人笑过一回，才知秦王是在故意逗房夫人乐子。据说，后世把女子嫉恨丈夫与异性亲密，称之为"吃醋"，便是由此而始。

后来李世民对房玄龄说："好一个刚烈的妇人，连我都有些怕她，你却能睡得安稳！"

房玄龄却认真地说："夫人有恩于我，千金不换。"

武德六年（623），房玄龄和卢绛儿有了他们的第三个孩子。只因他夫妻一直得到秦王的关怀，所以给他们的二儿子取名叫房遗爱。

从公元617年起，李世民劝说，佐助父亲李渊起兵以来，短短的四五年间，他戎马倥偬，出生入死，先后消灭了薛仁杲、刘武周、窦建德、王世充、刘黑闼等势力，为开创和奠定统一全中国的唐王朝建立了首功。李渊考虑到李世民的功绩显赫，公元621年十月特地为他设置了一个官位，封李世民为"天策上将"，位在其他王公之上，准许他设立天策府，在府里任命各种官员。

建天策府后，李世民便广罗天下英雄豪杰，更是把自己的亲信安排在重要的位置之上。一时间，他的周围拢聚了四方名流俊士，杜如晦、房玄龄、虞世南、陆德明、孔颖达等"十八学士"都聚集在他的门第之下，人们称进入他府中的贤达为"登瀛州"。这样，就形成了一个以李世民为核心的政治集团。太子李建成对此深感不平，齐王李元吉也很不服气，李渊儿子们之间的矛盾越来越大，等待他们的将是"本是同根生，相煎何太急"的兄弟之间激烈的互相残杀。

早在李渊起兵晋阳时，因李世民谦让，不肯做父亲的继承人，李渊就立了李世民的同母哥哥李建成为世子。以后李渊当了皇帝，李建成自然就成了太子。太子李建成，宅心仁厚，待人诚恳，但是他喜欢游猎酒色，每日和一帮不三不四的人在一起，寻欢作乐，不务正业，许多人劝说他都不听。虽然李建成也曾随李渊南征北战，并且在公元621年三月破稽胡首领刘企成，但直到公元 622 年，李建成的功业都远不及李世民。身为太子，功业智谋都不及弟弟李世民，心中的滋味当然很不好受。

而李世民的弟弟齐王李元吉更是骄奢淫逸，虐待仆从、草菅人命，还经常外出打猎游玩，践踏老百姓的庄稼，纵容手下的人抢劫老百姓的东西。更有甚者，他还命人在街上拿弓箭射过路的百姓，以看人避箭为乐。这李元吉所立的军功也远远不如他的二哥李世民。在隋末唐初的征伐中，经常临阵脱逃，不像李世民英勇作战，身先士卒。

李元吉非常贪婪暴戾，看到父亲李渊给了李世民那么多名分，朝廷里的大臣们都向着他，老百姓也都十分敬重他，不由得妒火中烧。他将李世民视为眼中钉、肉中刺，总想置李世民于死地。由于李渊对李建成、李元吉都很不满意，常想用李世民代替李建成来做太子。李建成知道后坐卧不安，他早就知道李元吉同李世民不和，于是便和李元吉串通一气，密谋策划，想把李世民除掉。对李世民共同的仇恨将李建成和李元吉联系在了一起，李建成为了牢牢保住自己太子的位子，就和齐王李元吉联手，开始防范李世民。

唐高祖李渊在天下基本一统后，也沉湎于女色，封了很多妃子，生了许多儿子，这些儿子刚生出来，李渊便封之为王。那些妃嫔们为了巩固自己母子的身份地位，千方百计争相结交李建成、李世民、李元吉。李建成和李元吉为了取得李渊的信任，也百般讨好迎合李渊的宠妃张婕妤、尹德妃等。阿谀奉承，贿赂送礼，无所不至，希望她们在李渊面前说自己的好话。只有李世民自以为功高位重，不屑于去结交父亲众多的妃嫔。这样，李渊身边的女人对心高气傲，智勇双全的李世民也恨之入骨，于是她们争相在李渊面前称赞李建成、李元吉，而诋毁李世民，离间李渊和李世民父子的关系。李渊逐渐对李世民产生了反感，而慢慢改变了对李建成、李元吉原来的看法。

公元621年，李世民平定洛阳，李渊派几个自己特别宠爱的妃子到洛阳，挑选隋宫中的宫女和仓库中的珍宝古玩，这些妃子借机向李世民索取珍贵物品，还为自己的亲戚向李世民求一官半职。李世民义正词严地拒绝说："珍贵物品都已登记在册上，我们要上报国库，呈报朝廷，不能随意送人。至于官职，要授给那些德才兼备又有功劳的人，不能随便送人。"这更得罪了李渊身边的亲信。这些妃子恼羞成怒，回去后哭哭啼啼地向李渊诉苦；亲信们也在李渊身边常常诉说李世民的不是。李渊听了，很不高兴。

李渊在位时规定，他的命令称作"诏敕"，太子李建成的命令称作"令"，秦王李世民和齐王李元吉的命令称作"教"，他们四人的命令其他官府都得遵守，如果"诏敕""令""教"有冲突时，执行者就以哪个公文先到为准而服从。

李世民平定洛阳后，认为淮安王李神通有战功，就赐给李神通良田数十顷。李渊的宠妃张婕妤的父亲也看中这块地，通过女儿向李渊要。李渊不知李世民已把田赏给李神通，当即写了手令把田赏给张婕妤的父亲。李神通认为自己有军功，而且认为李世民赐他在前，李渊手令在后，就坚决不肯把田让出来。

张婕妤知道后大为恼怒，当即就向李渊哭诉说："陛下亲自下令将良田赐给臣妾的父亲，哪料秦王李世民根本不把臣妾放在眼里，竟夺了过去，转赐了李神通。这叫臣妾有何颜面继续活下去啊！"李渊知道后大为震怒，再也按不住怒火。他对长年跟随自己的谋臣裴寂说："李世民长年在外，放荡不羁，已经不是以前我的那个知书达礼的好儿子了！"李渊当即把李世民叫来，大发雷霆。李世民知道原委后，虽有几分委屈但也无可奈何，便下令李神通将这块田送给了张婕好的父亲。但是，李渊怒气仍然不息。

一波未平，一波又起。过了几天，天策府的官员杜如晦上街时经过李渊宠妃尹德妃的父亲的门前。尹德妃的父亲仗着女儿的气势横行霸道，作恶多端，谁也不敢过问。他见杜如晦在他家门前不下马，便叫来几个家童把杜如晦拉下马来，围上殴打杜如晦，并折断他的一个脚趾，还指着杜如晦的鼻子说："你是什么狗东西，敢过我门而不下马？你知道老子是谁吗？我可是当今皇上的岳父！你以为有李世民做靠山，老子就怕了你了？"

尹德妃的父亲害怕李世民到李渊那里告他，就贼喊捉贼，叫自己的女儿先向李渊告状，说："秦王李世民纵容手下的人欺辱我家人。"李渊听后龙颜大怒，把李世民叫来，训斥道："我的宠妃家，连你手下的人都敢随随便便欺负，更何况一般老百姓！你还把我这个父皇放在眼里吗？"李世民虽然百般辩解，李渊还是不相信。

各路农民起义军被消灭以后，天下日渐太平，没有重大战事。李渊贪图享乐，经常在宫中举行宴会。李渊每次在宫中大张歌舞酒宴，李建成、李世民、李元吉往往总要奉陪。李建成、李元吉每次都高高兴兴，对李渊歌功颂德，极尽奉承之能事，和李渊的妃子们调笑取闹，讨李渊喜欢。李世民每当看到李渊宠妃如云，就想到自己的生母，李渊的元配夫人太穆皇后早逝，看不见李渊夺得天下，也不能和父亲共享天下。每当想到这里，李世民却情不自禁地潸然泪下。

李渊看到后很是恼火，他的妃子们也极不愉快，觉得李世民破坏了他们那歌舞升平的欢娱气氛。李建成、李元吉便叫宠妃们趁机煽风点火，说李世民的坏话："现在海内一家，天下太平。皇上您年事已高，自然应当享受欢乐。但秦王李世民却每每哭哭啼啼，扫陛下的兴，分明是因为李世民嫉恨我们母子啊。陛下在时尚且如此，等您万岁之后，我们母子必然不为李世民所容，肯定都要死在他的手里。皇太子仁厚孝顺，对我们恭恭敬敬。皇上您还是把我们母子托付给太子吧，一定安全可靠，万无一失。"

兄弟的嫉恨，父亲宠信的诽谤，李渊日益宠信李建成和李元吉，从此打消了变更太子的考虑，使得李世民越来越被李渊疏远。

二、兄弟争权

李渊早已打消了更换太子的念头，但李建成还是不放心。他为了巩固自己的太子地位，接受谋臣魏徵、王珪的建议，于公元622年十一月，率兵讨伐刘黑闼。在此之前，刘黑闼的主力已被李世民摧毁，所以在公元623年初，李建成顺利地平定了刘黑闼的残部。但这样的"军功"还是远不及李世民的功业，李建成的心病仍未除去，于是动起了杀心。

一次，李世民曾跟随李渊到李元吉的住处走访，李元吉认为这是杀李世民的好时机，便让他的卫士宇文宝埋伏在卧室中，伺机行刺李世民。李建成害怕事情办不成，考虑到父亲李渊也在，不敢轻易下手，赶紧派人制止说："陛下和他在一起，弄不好惊动陛下，怪罪下来，你我怎么担当得起呢？我们不如先饶他一回，另谋良机。"

李建成认为要有效地对抗李世民，就必须有一支完全听命于自己的强大的武装力量。此事李建成没有请示李渊，而是抓紧秣马厉兵，擅自从长安和外地招募了两千余名身强力壮、武艺精湛的勇士，充任东宫卫士，号称"长林兵"。又秘密派人到幽州，要燕王李艺挑选三百名精锐骑兵到长安，供他使用。

李世民得知此情，立即派人向李渊告发，说李建成私自招兵，图谋不轨。李渊召见李建成，严厉地批评了他，下令解散"长林兵"，并把他派往幽州招兵买马的人判了刑，流放到边远地区。李建成表面上承认错误，表示悔改，暗中却继续做准备，等待时机。

李渊嫌夏天长安太热，便在渭北的宜君县建了一座行宫，叫仁智宫，每年夏天都要去那里避暑。公元624年六月，李渊离开长安要到仁智宫，他命令李世民、李元吉跟随，命李建成留守长安处理日常事务。李建成认为这是一个除掉李世民的绝佳机会，于是就和李元吉密谋。李建成派使者通知自己的亲信杨文干起兵狙杀李世民。

六月间，正在高祖整顿纲纪的时候，忽然庆州（今甘肃省庆阳市）传来重大变故：都督杨文干造反，全州已经被他占领。

这里说明一下，杨文干曾经守卫东宫，与李建成很是亲密。李建成常常与杨文干密谋除掉李世民，李元吉也曾参与谋划。杨文干对李建成说："要杀李世民很简单，不过举手之劳，何必策划来策划去呢？"

有一次，李世民、李元吉陪高祖到仁智宫，当时李建成也在。李建成悄悄对李元吉说："今天父皇出行，我们可以见机行事。"

李元吉忙问有什么好主意。李建成附在李元吉耳边，如此这般说了一番。李元吉听完立即面露喜色道："办法高明！"

然后李建成离开，并派人偷运武器盔甲送给杨文干，命令他马上起兵，以便里外相应。派去的人走到半路上，因为担心事情泄露，犹豫半天，还是直接向高祖报告了。高祖一听很生气，马上传令杨文干进京面见。李元吉也听说了此事，急忙让人叮嘱杨文干，千万不要来京。

杨文干得到元吉情报后，便说："一不做，二不休，我干脆造反算了。"于是带兵从庆州到了宁州（今甘肃省宁县）。这时高祖已经感到了事态严重，亲自写下诏书，让李建成前去见他。李建成非常害怕，根本不敢露面。后来，身边人劝李建成最好还是向父皇谢罪。

李建成左思右想，别无他法，只好轻车简从前去见高祖。高祖见到李建成后，将其痛骂一通，又令左右人员把他关了起来。

这时，因杨文干兵至宁州，宁州的警报如雪片般飞来，先说被包围了，迅即又说城已失陷。在这危急时刻，高祖忙把李世民叫来问他有何计策。

李世民答道："杨文干这个逆臣，有什么可怕的？地方军队便可讨伐他；如果一下子不能灭掉他，派一员主将前去，马上就可搞定。"

高祖说："事关李建成，他自然不能去。不如由你出马，等你平乱回来，我立你为太子，将李建成贬为蜀王。"

李世民奉命而去。而李元吉则在宫中贿赂高祖身边的妃子，为李建成斡旋开罪。

李世民率领的部队才走到宁州附近，那杨文干的部下已是十分的害怕，闻风而动，杀了杨文干，宣布投降。等李世民回到长安，高祖却绝口不提更换太子一事。李世民知道其中有变，只好付诸一笑。

杨文干事件后，李建成再不敢轻易说李世民的坏话，但仍在暗中和李世民作对。李世民赞成的事，他总要反对；李世民反对的事，他又总要赞成。表面上兄弟之间没有大的争斗，但骨子里的裂痕却越来越深了。

公元 624 年七月，李渊到城南打猎练兵，李建成、李世民、李元吉三兄弟同去。李渊命令三个儿子比赛跑马射箭的武艺。李建成有一匹马，是从突厥买来的，肥壮而又高大，很不驯服，要么躺倒不跑，要么干脆将骑乘的人摔下来。李建成假惺惺地把它送给李世民，说："这是一匹千里马，一跃而起，能跳过几丈深涧，二弟既然善于骑射，不妨试骑一下。"

李世民不知是计，翻身上马，向一只鹿追去。谁知才骑上去，马儿就卧地不跑了。李世民跃下马，站在数步之外，等它起来了，又翻身骑了上去，但马儿立刻又躺倒不跑了。这样来回几次，惹得兴致勃勃的李渊很不高兴。李世民对身边的人说："我兄弟想用这招让我父亲迁怒于我，再趁机除掉我。但死生由命，这哪里伤得了我呢？"

这话传到李建成的耳朵里，他又串通李渊的宠妃攻击李世民说："秦王称自己受天命，正要当天下之主，不会随便死掉的！"李渊大怒，立即先把李建成、李元吉召来，问李世民的话可是真的。听了一面之词后，李渊又把李世民召来，怒斥道："天子自有天命，不是谁用智谋和武力就可以得到的，你想当天子，也太急了些吧！"

李世民听了，诚惶诚恐，脱下帽子，在地下叩着响头，连忙申辩道："儿臣确实没有说过这样的话，请父王派朝廷监察大臣来详核此事。"但李渊听信谗言，对李世民极不信任，李世民有口难辩。

正在情急之中，忽然有快马来报，说是突厥军队又开始大举入侵。李渊心想，最好派李世民前去防守。于是，对这件以下犯上的事情也就暂时不再追究了。李世民欣然带兵前往，他也想借这个机会，立个战功，缓和与父亲的紧张关系。

李世民走后，李建成、李元吉又对李渊说："李世民自恃立下点战功就不可一世、傲视群雄，全然不把父王和我们看在眼里。他手下的那些人也一个个如狼似虎、无信无义。今天父皇对他恶语相向，他一定会怀恨在心。父王如果不及早提防，只怕日后会有意外的事情发生呢！"

李建成手下的亲信也随声附和，劝李渊早点除掉李世民。李渊听了，心中自然有一丝不快，李世民毕竟是自己的亲生儿子，也是自己的爱将。但是，在皇位和权力面前，父子亲情似乎也就没有那么浓烈了。他开始考虑如何消除隐患的问题。

三、智退突厥

唐初，活跃在西北的少数民族突厥一直是对唐朝构成最大威胁的外患。东突厥时常率大军侵扰关中，直逼唐朝都城长安。李渊初即帝位，无力抵御，只能以牺牲布帛珍宝等向东突厥求和。

　　突厥始毕可汗死后，传位其弟颉利可汗，趁南边战乱，连年大举南侵。有人劝李渊说：突厥屡次骚掠关中，因为长安是都城，国家的财宝、美女都集中在这里。如果迁都，并把长安烧掉，突厥之患自然就平息了。李渊深以为然，计划迁都。太子李建成、齐王李元吉，还有裴寂等大臣极力促成迁都之举。一些明智的大臣明知此举不可行，也不敢进谏。

　　这时，李世民挺身而出，劝李渊道："陛下靠武力兴起，统一天下。我大唐帝国精兵百万，所向无敌，就因为突厥侵扰边境，竟迁都躲避，未免是长他人志气，灭自己威风。父皇难道愿意被天下后代耻笑吗？当年霍去病能够扫荡匈奴，我如今尚在行伍，率兵御敌是我的天职，恳请父皇给我几年时间，我一定取突厥首领颉利的头来见父皇。如果到时我灭不了突厥，父皇再考虑迁都也不迟。"

　　但李建成却讽刺道："当年汉高祖的大将樊哙曾夸下海口，要率十万精兵横行匈奴，结果大败而归。秦王刚才的话，与他倒有几分相似呢！"

　　李世民针锋相对，说："此一时彼一时，时势不同，用兵也不同。樊哙根本不值得一提。不出十年，我一定能平定漠北，绝不夸口。"

　　在用兵打仗上，李渊是比较信任李世民的，于是就打消了迁都的念头。但李建成十分恼怒，串通李渊的妃嫔挑拨李渊说："突厥虽然常常侵扰边境，但得到贿赂就退走了。李世民打着剿灭突厥的幌子，心里实际上是想掌握兵权，达到篡权的目的。"

　　李渊听了将信将疑。为了保证万无一失，李渊就把李世民的一部分兵权分给了李元吉。

公元 624 年，突厥的颉利、突利两个可汗率铁骑数万，进犯幽州（今陕西省彬县东北）。李世民立即向李渊请行，前去抵御突厥。李建成怕李世民独揽军权，建议李渊让李元吉当李世民的副手，并要李元吉暗中监视李世民。于是，李世民、李元吉率领大军向幽州进发。

当时恰好关中下了瓢泼大雨，而且长久不停，军粮无法运输，战士疲于奔命，物资器械损失很大。李世民严令军队按时进发，日夜兼程，与突厥相遇，两军在幽州地界剑拔弩张。但是，正当李世民的军队安营扎寨、准备与突厥军决一死战的时候，颉利、突利却突然率一万多骑兵来偷袭，让李世民手下的将士们措手不及，惊恐万分。

李世民知道李元吉胆小懦弱，经常临阵脱逃，毫无勇猛之气，就故意命令李元吉带兵出战。李元吉本来就不敢迎敌，又加上看到突厥军队这次来势汹汹，自己吓得腿都发软，连忙推托自己不能出战，并要求李世民尽快撤军。李世民看到李元吉竟然被吓成这副模样，心中非常蔑视，自己只身只带了一百多名骑兵，就向敌人飞奔而去。

突厥摆好阵势，准备大战。当他们看见唐兵只有一百来个骑兵，感到很奇怪，害怕唐军有什么阴谋，反而稳住阵脚，不敢冲锋。李世民前进到离敌人很近的地方，大声叫道："我朝和你们有约在先，要和平相处。现在你们为什么背信弃义、不遵守约定，反而大举入侵？我乃大唐秦王，你们可汗若有胆量，可单独出来与我决斗；若全军一齐上，我也只用这一百多名骑兵抵挡。"

颉利可汗素来知道李世民骁勇善战，此时又摸不清唐军底细，不知道李世民葫芦里卖的是什么药，怕贸然出兵会中唐军的埋伏，竟不敢交战。李世民又派人对突利可汗说："你曾经和我订立盟约，说有急事时大家互相救援。现在，不但不救援，还引兵来攻，为何如此不讲信义？"

突利可汗感到很惭愧，不敢回答。颉利、突利两人虽然同是突厥的可汗，但是向来关系不和，互相猜忌，甚至曾兵戎相见。此次，突厥出兵就是势力较大的颉利胁迫突利的结果。李世民深知这一情况，想利用他们之间的矛盾，让他们的联盟从内部开始分化，然后不攻自破，于是就接二连三地派人去与突利可汗联系。此举果然引起了颉利的猜疑，他担心突利和李世民有密谋，唯恐遭到李世民和突利的联合攻击，自己会受到致命的打击，便先派人来找李世民讲和，主动引兵后退数里。

此后，阴雨连绵十余日。李世民对诸将说："突厥来自漠北地区，那里干旱少雨，气候干燥，所以突厥士兵一定不适应现在的天气。而且，他们带兵打仗主要是用弓箭作战，现在阴雨不停，弓弦全泡松了，暂时不能使用。这对突厥来说，无疑像是飞鸟被折断了翅膀。而我们的营房建设得很好，军粮供应充足，武器也都保护得很好，随时都能拿来杀敌。将士们连续休息了一段时间，精力充沛。不乘此时进攻，还等什么时候呢？"

众将都表示同意。于是，李世民下令夜里悄悄出兵，冒雨前进，袭击敌人。突厥兵被这突如其来的攻击弄得措手不及，只能仓皇应战。

李世民同时又派人向突利陈说利害关系，说只要他和唐朝和睦相处，颉利一旦攻打他，唐朝保证给他支援。突利大喜，表示听从李世民的命令。颉利要战，突利不同意。颉利没有办法，只好派突利来见李世民，请求订立和约。李世民原本想一举拿下颉利，但是仔细想想自己手中的兵力不够，而且唐朝力量还不够强大，不可能彻底打败突厥，和突厥保持暂时的和平符合唐朝的利益，因此李世民答应了颉利的请求，和突厥订立了友好盟约。

突厥退出唐境，李世民也回到了长安。李建成本来盼望李世民失败，好在李渊面前继续贬低李世民，不料李世民竟得胜而归，他要给李世民治罪的企图破灭了，但对李世民的仇恨也更深了。

四、兄弟翻脸

公元626年，李世民和父亲、兄弟的矛盾到了白热化的地步。李世民深知李建成、李元吉决不会放过自己，也积极准备对策。他考虑洛阳形势险要，若将洛阳控制在手，则可控制整个东部地区，因此在同突厥订立盟约返回长安途经洛阳时，他留下了自己的亲信温大雅镇守洛阳，并遣派秦王府中的亲信张亮等一千多人到洛阳，替他结交中原的英雄豪杰。为的是一旦发生事变，可以占据洛阳，然后以图进取。

洛阳本是中原的政治文化中心，李世民以洛阳为根据地稳固扩大自己势力的做法使李建成、李元吉更加不安，遂向李渊告发张亮图谋不轨，想以此株连李世民。李渊下令把张亮逮捕，严加审讯。但张亮在狱中宁死不屈，守口如瓶。因为没有证据，李渊只好把张亮放回洛阳。

李建成为了除去李世民，一天晚上便派人来请李世民赴宴。李世民心里疑虑，但又不好不去，稍做准备后就应邀而去。李建成显得非常热情，一再劝李世民饮酒。李世民刚喝下几口酒就心口暴痛，吐血好几升，众人大惊失色。李世民这才知道李建成在酒中下了毒药。他的亲信淮安王李神通护送他回到自己的住处。幸亏李世民毒酒喝得不多，中毒并不太深，因此很快就平复了。

李渊听说这件事情后，意识到两个儿子已经到了势不两立、水火不容的地步，对这件事发生的原因也猜着了几分。于是就敕令李建成："秦王向来不喜饮酒，从今以后不得请他喝酒。"

李渊又对李世民说："在晋阳时，你首先提出起兵，之后又平定天下，消灭各派割据势力，统一帝国，这全是你的谋划和功劳。我想立你为太子，你坚持不肯，我便立了李建成。况且李建成比你年纪大，当太子又很久了，我不忍心废掉他。你们兄弟之间已经水火不容了，同住在长安，一定还会生事。我准备让你到洛阳去，自陕西以东的地盘都归你管，你府中的一切礼节制度都按太子的规格办理。"

李世民听了不禁伤心落泪，推说离开父亲无法尽孝，不想去洛阳。李渊说："天下一家。长安洛阳两地相距不远，我要想你时即到洛阳看你，你不必悲伤。"李世民流着泪答应了。

李世民将去洛阳的消息很快传到了东宫，李建成得知，急得如热锅上的蚂蚁，立刻找人来商量。李元吉说："秦王若到洛阳，真是如虎添翼。有地盘，有百姓，又有军队，再想控制他就不可能了。不如把他留在长安，长安毕竟是我们的势力范围，李世民掌握在我们手心里，要对付他就省事多了。"

于是李建成就让亲信们上密信给李渊，说："秦王府中的亲信听说要去洛阳，无不欢喜跳跃，个个都喜形于色，看他们那样子，恐怕再不愿回长安了，一定是另有打算。"两个人又唆使李渊的宠臣劝李渊说："陛下既已立李建成为太子，现在又叫李世民去洛阳,陕西以东全由他做主,这样下去,未来天下不成两个君主了吗?古人有言,天无二日,民无二主。陛下安排两个君主,不是人为地制造祸端吗?只怕陛下千秋万岁以后,天下难以太平了。"李渊对李世民本来也有所顾忌,于是又改变了主意,索性让李世民继续留在长安。

李建成、李元吉和李渊的宠妃们日夜在李渊面前毁谤李世民,李渊对李世民的成见越来越深,终于想处罚李世民。但陈叔达等大臣反对,劝谏说:"秦王曾经跟随您南征北战,功绩卓著,有大功于天下,不能加罪于他。他性情刚烈,如果受委屈,一旦忧愤过度,气急攻心,有个三长两短的话,皇上您后悔都来不及了。"李渊于是作罢。李元吉又密奏李渊,说李世民私下结交豪杰,扩充自己的实力,膨胀自己的权力,意在谋反;而且又自恃劳苦功高,看不起别人,连李渊的话都听不进去,还屡屡得罪李渊的宠妃。所以,让李渊尽早把他杀掉,李渊犹豫不决。

李世民府中的官员们眼见李渊不信任李世民,李建成和李元吉又夜以继日地在李渊面前诋毁李世民,个个惶恐不安,不知怎样办才好。房玄龄、杜如晦和李世民的妻兄长孙无忌等人经常商量对策。

房玄龄看到李世民身陷父兄的猜忌当中,就对长孙无忌说:"如今李渊父子兄弟之间相互结怨,仇恨日深。一旦发生突然事变,岂止是秦王府的灾难,我们跟随李世民成为阶下囚,国家也要遭受莫大损失。我们不如劝秦王以天下为重,除掉太子、齐王。否则,非但我们家破人亡,整个大唐江山也会化为乌有。存亡在此关头,现在就该下决心。"长孙无忌也同意这个意见,于是一起去见李世民。

李世民也正在焦虑之际，听说他们二人求见，就立刻让他们进来。房玄龄对李世民说："大王您功盖天下，理当继承皇位。如今太子、齐王反而企图加害。望大王早下决心，马上行动除掉李建成、李元吉。"

李世民听后却有几分犹豫，他说道："太子、齐王都是我的亲兄弟，我这么做实在是于心不忍啊！"

房玄龄说："秦王你把他们当亲兄弟，但他们把你当亲兄弟吗？他们一而再，再而三地想置你于死地，还能算得上是你的亲兄弟吗？大王若不动手，他们可就要下手了，那时候大王您就是后悔也晚了。"

杜如晦也极力赞同，在一旁鼓动李世民尽快杀掉李建成、李元吉。李世民虽然仍在犹豫，但理智告诉他，他们兄弟之间的夺权斗争已经到了水火不相容的地步，再也没有缓和的余地了。他必须快速决定才行。

五、谋定夺权

李世民知道，他跟李建成、李元吉之间的斗争终有一天会分出胜负，他有信心成为胜利的一方。不过，他对用何种方式赢得胜利还拿不定主意。从内心深处，他不希望采用暴力的方式，可又想不出别的温和的方法。

李建成、李元吉也知道李世民的秦王府中奇才异能之士众多，实力不凡。于是，他们就千方百计拉拢这些人，希望他们都能背叛李世民替自己做事。李建成私下用一车的金银宝器送给李世民的大将尉迟敬德，并写信给尉迟敬德，信中大肆吹捧尉迟敬德，并且提出要和他结交。

尉迟敬德看了信，推辞道："我是一个贫贱的粗人，在隋末动荡中长期为叛贼宋金刚卖命，成了刘武周草寇队伍中的一员，犯了很大的罪。秦王不但不杀我，反而加以重用，待我如上宾。现在又推荐我担任秦王府的要职，对秦王的知遇之恩，我唯有以死相报。但我没有为太子殿下您立过功业，无功不受禄，实不敢接受这样重的赏赐。若我是个见利忘义、背信弃义的人，对殿下又有什么用处呢？殿下又何必结交于我呢？"他坚决不接受礼物，把东西退了回去，并报告了李世民。

李世民知道这件事情以后，说："我知道将军立场坚定不会动摇。但是他们既然送你财宝，将军就应接受下来，这样就可以知道他们的阴谋。否则，你恐怕会遭到不测。"尉迟敬德笑道："我乃一名武夫，当时没有想到这么多。"

果然，李建成被拒绝后勃然大怒，怀恨在心。他花高价收买了一个刺客，要刺杀尉迟敬德。一天晚上，刺客到尉迟敬德住宅门口徘徊，想趁机潜入。守卫看见他形迹可疑，立即报告尉迟敬德。尉迟敬德有所防备，故意敞开院子的重重大门，自己坐在屋里读书，使刺客不明底细，不敢入室行刺。李元吉又到李渊面前诬告尉迟敬德，说他在宋金刚手下当将领时，曾杀死过许多唐军将士。裴寂也从旁加以证明，还说他那年讨伐刘武周失败，与尉迟敬德替刘武周卖命有很大关系。李渊大怒，下令把尉迟敬德投入监狱，严加审讯，即将处决。李世民向李渊再三求情，才得以释放。

李建成、李元吉收买秦府的勇骁之士不成，又转而设计陷害李世民的谋臣。李建成对李世民府中的人才了如指掌，为了斩掉李世民的左膀右臂，他对李元吉说："李世民手下的房玄龄和杜如晦最有智谋，留他们在迟早是个祸患，得设法把他们赶出秦王府。"于是，李元吉就马上启程赶往李渊宫中，准备进谗言。

哪知隔墙有耳，李建成和李元吉这番话被东宫的一个内侍听到了，他是李世民的心腹，便很快把李建成的话转告给李世民，李世民开始还不大相信。但是，他傍晚就得知李渊下令将杜如晦和房玄龄两人赶出秦王府的消息，大大地吃了一惊。李世民心绪纷乱、理不出个头绪。他压根儿没想到，他们兄弟之间竟然闹到这般地步。那碗毒酒一下子浇灭了他儿时对哥哥的美好记忆。现在，李建成又千方百计地把他身旁的得力干将一一调开，让他成为一根光秃秃的树干，然后再来慢慢地砍伐，这完全是为了剪除与他争夺王位的对手。李世民心乱如麻，一时拿不定主意。李世民的府中只剩下长孙无忌、高士廉、侯君集、尉迟敬德等心腹，他们也日夜不休地劝李世民先发制人杀掉太子和齐王。

李建成、李元吉早以金钱引诱秦王府大将段志玄，段志玄不肯屈从，所以李建成他们就想把段志玄调离。他们又诬陷秦王府大将程知节，调程知节为康州刺史，远离李世民。程知节借口有病，没有马上赴任，对李世民说："我们这些人，犹如大王的翅膀和左右手，现在眼看要被他们砍断和拔尽，我程知节会誓死效忠大王，但希望大王早点决定除掉太子！"李世民犹豫再三，恰好这时突厥又发大军南渡黄河，边境告急，这年是武德九年（626）。以往，凡有战事，总是李世民挂帅征讨。这次，李建成不希望李世民重掌兵权，就向李渊推荐让李元吉代替李世民率大军去征讨突厥，李渊答应了。李元吉趁机想把秦王府的大将尉迟敬德、程知节、段志玄、秦叔宝等都征调入伍，并要求从李世民部下中挑选一部分精锐。

李建成对李元吉说："现在你统率着数万大军，又把李世民的干将都抽调了出来，除掉秦王易如反掌。你出发那天，我假装请李世民一起在昆明池设宴给你饯行，你埋伏几个壮士，当场把秦王杀掉，就说他得了暴疾而亡。到时候，父皇也只将信就信了。事成后我会派人劝说父皇，让他赶快让位给我。尉迟敬德等人一旦到你军中报到，你就把他们全活埋了，其他的人谁还敢不服我们？"

一看这局面，尉迟敬德和长孙无忌对李世民说："大王如果再不早做决断，大祸就在眼前了。"李世民道："都是手足兄弟，怎忍心下手？"

尉迟敬德说："大王为何因为区区仁慈，就不顾大局？"

李世民默然不答。说话间，太子率更丞（隋唐东宫掌礼乐、漏刻的长官）王晊飞奔而至，好像有话要说，因见长孙无忌和尉迟敬德两人在旁，欲言又止。李世民察觉后，便起身与王晊密谈。

王晊说了几句话就退出离开了。李世民出来告诉长孙无忌："王晊刚刚来说，太子与齐王定下计谋，想让我到昆明池去，为李元吉北伐饯行，然后在宴席前埋伏勇士置我于死地。"

长孙无忌不等李世民说完，抢过话头说："先发制人，后发被人所制。您应该下决心了。"

李世民说："骨肉相残，无论古今都是大罪。我也知道祸在旦夕，只是想等他先动手，我再仗义讨伐，才有道理。"

尉迟敬德在旁接过话说："如果大王实在不听敬德劝说，敬德不能留在大王身边束手被缚，请原谅我自此告辞。"

长孙无忌也说："大王如果不听敬德的话，无忌也要随他一同离开。"后来李世民召集府僚商议，大家都异口同声要李世民当机立断。但李世民还未最后下定决心，想用占卜决定。

众人正要取龟片为卜，突然有一人闯了进来，将龟片一把扔在地上，说："占卜是因为有疑惑，局势已然十分明白，哪里还用占什么卜。现在是箭在弦上，不得不发。难道问卜不吉，我们就此罢休了吗？"

李世民一看，说话的是幕僚张公谨，便问："在先生看来，事情真的可行吗？"张公谨说："非但可行，而且应该速行。"

经过这许多的周折，李世民这才下了决心，命令长孙无忌将房玄龄和杜如晦召来，一同定下密谋。

六、玄武兵变

公元 626 年六月初，太白星连续在秦地出现。在古人看来，日月星辰的变化，都预示着人间的喜庆与灾变。因此，李渊的大臣傅奕向李渊秘密报告说：金星出现在秦地上空，这是秦王当有天下的征兆。李渊把奏状交给李世民，要他做出解释。

李世民于是反告李建成和李元吉与李渊的妃姜关系暧昧、淫乱后宫的罪行。并且诉说道："我丝毫没有对不起哥哥和弟弟的地方，可他们却千方百计要杀掉儿臣，似乎是想替王世充、窦建德报仇。儿臣今天因冤枉而死，再也见不到父亲了，灵魂到了地下，实在耻于见王世充、窦建德等人。"

李渊默然。他想起爱子为他打江山的功勋，哪忍心杀掉他呢？他对李世民说："明天我将亲自审问此事，你也早点来。"

　　六月三日夜，李世民和他的亲信们果断分兵行动，李世民亲自率领长孙无忌、房玄龄、杜如晦、程知节、秦叔宝、段志玄等人，埋伏在玄武门，等待李建成、李元吉。尉迟敬德率秦府中剩余的精锐准备随时增援李世民，李世民的妻舅高士廉率众到芳林门准备接应李世民。

　　李渊的宠妃张婕妤私下探听到李世民反告李建成、李元吉的事，派人连夜通告李建成。李建成急召李元吉商量对策。李元吉说："应该先召集东宫和齐王府的精兵，然后推说有病，不去皇宫，看看形势再作道理。"

　　李建成不同意："我是太子，哪有不去皇宫的道理？我这边军队已全副武装，李世民根本不是我的对手，明早我们照常入朝，我和你一起见皇上。"

　　六月四日一早，天刚有些放亮，一阵纷乱的马蹄声一路响了过来。李建成和齐王的兵马驰入了玄武门。缀满铜钉的大门缓缓地打开了，等着太子和齐王大驾光临。李渊召集了裴寂、萧瑀等大臣，准备审问三个儿子。李建成和李元吉进了玄武门，走到半路发现气氛不对，玄武门居然伏有秦王府的士兵，这可是不祥的信号。于是，他们立即掉转马头往回跑。

　　李世民从埋伏地点一跃而起，边喊边阻拦他们："太子、齐王，父皇命我们一同参见，你们如何走了？"

　　二人不理，越跑越快。李建成想往城外冲，但城门已经关上了。他转身往湖边跑，又被尉迟敬德、程知节堵住。他意识到自己慌乱之中犯了个极大的错误，本应该让元吉抵挡住尉迟敬德他们，自己先冲到湖边去见父亲。他相信，无论如何父亲是不会见死不救的。但现在已经迟了，外面的队伍进不来，自己又出不去，急得他的额头上沁出一片汗珠。

李元吉边跑边拿出弓箭来射李世民，但仓皇之间，弓弦竟然拉不开。李世民则快速引弓搭箭，瞄准元吉。李建成见了大叫一声："元吉快闪开！"说时迟，那时快，一支带着凄厉风声的利箭穿空而过。李建成万万没有想到这箭是冲他而来的，还没来得及躲闪，已经中箭，应声栽下马来，当即毙命。

李元吉见李建成被李世民射死，正想反击，见秦王身边的将军纷纷把弓举起，李元吉马上松开手中的马缰，翻身滚下马，扑倒在地。尉迟敬德的援兵随即上来向李元吉乱箭齐发，李元吉从地上翻身而起，拔腿跑进一处树林。李世民骑马紧追不舍，不料被树枝绊住，从马上跌下，一时竟爬不起来。李元吉反追上来，夺过李世民的弓箭，想把李世民勒死，尉迟敬德大喝一声，跃马而来。李元吉急忙丢下李世民，惊慌失措地向皇宫方向跑去，但被尉迟敬德追上射死。

这时，太子府将军冯立听说李建成已死，便和副将军薛万彻、谢叔方率领精兵两千多名向玄武门杀来。李世民的亲信张公谨神力惊人，他一人在里面顶着玄武门，冯立等人无法攻破门。玄武门的守将敬君弘、吕世衡等人也帮张公谨迎战太子的精兵，但都战死。薛万彻见冲不进去，叫嚷着要攻打秦王府，以"围魏救赵"。李世民的将士听到，都很恐惧。尉迟敬德急忙提着李建成、李元吉的首级给薛万彻等人看，太子府、齐王府的精兵一看大势已去，丢下武器各自逃散，薛万彻和冯立也逃入终南山中。

李渊此时正在湖上泛舟，心中想着昨日发生的事情，想着对策，对外面发生的事毫不知晓。李世民派尉迟敬德带领甲兵，直闯内宫李渊的住处，把原来的卫队都换了下去。尉迟敬德带兵入内警卫，敬德身穿盔甲，手持武器，径直来到李渊身边。李渊大吃一惊，问："外面作乱的是谁？你来这里干吗？"尉迟敬德说："太子、齐王作乱，秦王已经举兵杀了他们，但怕惊动陛下，特派臣来警卫。"

李渊听后手足无措，对裴寂等人无奈地说："想不到今天终于发生了这样的事，该怎么办？"

萧瑀、陈叔达说："当初起兵晋阳，李建成与李元吉本没有参与策划，又无大功于天下，却嫉妒秦王功高望重，两人勾结在一起，搞阴谋诡计，妄图杀害秦王。如今秦王已将两人处决。秦王功盖宇宙，人心所向。陛下若立秦王为太子，把国家大权交给他，一切就平安了。"

李渊说："好吧！这是我多年的心愿。"于是下诏让东宫、齐王兵马与秦府兵马停止交战，一切都听从李世民指挥。尉迟敬德拿着李渊的手令火速赶到玄武门，宣读了李渊的命令，外面才安定下来。李渊又让大臣裴寂到东宫，下令东宫将士全部解散。

李渊召见李世民，安抚他说："当年曾参的母亲在家里织布，有人来告诉她：你儿子杀了人。她说，我儿子不会杀人。过了一会儿，又有一个人来说，她仍然照样织布。但当第三个人来说的时候，她就害怕起来，丢下梭子，翻墙逃走了。其实她的儿子确实没有杀人，那只不过是一个和她儿子同姓同名的人杀人罢了。但人说得多了，她也就相信了。最近以来，我也像曾参的母亲一样，被人迷惑了。近来我差点听信谣传错怪了你。"父子于是握手言和。

李渊流着泪对群臣说："从今以后，国家事情，无论大小，全听秦王处理决定。"又对长孙无忌、房玄龄、杜如晦、尉迟敬德等人说："你们有拯救国家的大功，我要重赏你们。"于是，就叫人取来大量珍宝财物，赏赐给他们。

　　李世民夺位成功后，想将过去效力于太子的有才能的人都网罗过来为自己做事。于是，就发布命令说："谋乱之罪，只在李建成、李元吉，其余的人概不追究。"冯立听了这个消息后，想想自己也没有什么退路了，就从终南山中出来自首。但是，薛万彻仍藏匿不出。李世民爱才心切，就派房玄龄去向他说明情况，他才出来。李世民说："你们都是忠于自己职守的人，我不会为过去的事情斤斤计较，你们今后尽力为我做事，辅佐我造福苍生就行了。"他将以前太子手下的将士全都赦免，还任命薛万彻为右领军将军（京师警卫部队的高级将领）。

第三章

开国功臣

一、李世民继位

武德九年（626）六月九日，高祖正式下诏，立李世民为皇太子。高祖退至后宫，并颁令"自今军国庶事，无大小悉委太子处决，然后奏闻"。就是说，朝中一应事务都由李世民全权处理，高祖禅位只是时间问题了。

当夜，房玄龄与杜如晦、长孙无忌等一班文武近臣来到东宫，与李世民把酒庆贺。新太子李世民一身绛黄色常服，喜形于色，太子妃长孙氏亲自出来与众人把盏，丝竹声声，广袖翩翩，殿中一派喜庆气氛。席间，新太子少不得以酒致谢，评功论绩，与"玄武门之变"中所有立功者都敬了酒。

然而酒至半酣时，李世民却突然面露凄惨之色，悄然落下泪来。程咬金从旁见了，高声叫道："这东宫本来就该主公来住，如今天遂人愿，主公何故悲伤，倒教我们扫兴！"

李世民双手撑着案边，低头说："想太原起兵之时，我与李建成和李元吉只是一门心思保父皇成霸业，那时是何等亲密无猜啊！如今天下归唐，可一母所生的四个兄弟，却只剩下我一个人了，怎能不让我哀伤呢？"言罢涕泗横流。

及酒干夜阑，众人散去，李世民吩咐轿马将诸臣送回各府第，却把房玄龄留在宫中说话。

李世民说："玄龄啊，你跟了我多年，最知我的心事。现在虽然剪除了逆患，可我心里并不安稳，这是为什么呢？"

房玄龄不觉也流下泪来，说："太子殿下宅心宽厚，难忘手足之情，这也正是我等诸臣仰慕殿下的地方。不过眼下尚不是儿女情长的时候啊！圣上把大唐江山交付与你，老百姓无不翘首以待，殿下自当改弦更张，兴利除害，抚臣民以安社稷，扬国威以镇僻远，正所谓继往开来，百业待举呢！"

李世民与房玄龄促膝执手而坐，说："依你之见，我当如何开局？"

房玄龄说："人言新官上任三把火，殿下受命辖天下，当务之急亦是三件。首要一件便是三省六部和禁军十二府的人事安排。圣上身边的旧臣大都年老体衰，眼界狭窄，难合殿下之志，且这些年来殿下培养了一大批文韬武略之人，现在正是他们起来安邦治国的时候。第二件是安抚百姓。宫变方平，地方各州郡难免混乱，此时宜以安抚之，切不可以武力弹压。这第三件便是以仁取信。殿下素有仁爱之心，玄龄并不担忧，但事无巨细皆有所慎，却是不易。"

李世民惊道："你这三条，与我想的竟是一样。莫非你钻进我心里看过了吗？"

房玄龄当即跪起身，泣泪言道："玄龄盼望这一天已经很久了。我没有半点私图，只为大唐能在明君圣主恩泽下兴旺发达，重现汉朝盛世。"

李世民非常感动，亲自为房玄龄调了一杯莲子羹，并将羹匙递给他，说："你所说的仁，巨处是什么，细处又是什么？"

房玄龄说："巨到尽释前嫌、广用人才，细到慎对酒色犬马……"

未及房玄龄说完，李世民便一拍脑门说："是啊！今天晚上这个宴会就是个失策，我该事先征求你的意见才是呢。还有禁苑那边养的几百只鹰犬，原是各地进贡朝廷的畋猎用物，明天我就让人放了吧！"

当下，李世民便与房玄龄研究东宫新阁名单。三日后上朝，便宣布了新的东宫文武官属：

> 宇文士及为太子詹事。
>
> 长孙无忌、杜如晦为太子左庶子。
>
> 高士廉、房玄龄为太子右庶子。
>
> 尉迟敬德为左卫率，程咬金为右卫率。
>
> 虞世南为中舍人，褚亮为舍人。
>
> 姚思濂为太子洗马。

以上诸人都是天策府的旧僚。其中宇文士及时任中书侍郎、天策府司马，他曾随秦王征讨宋金刚，因功迁天策府骠骑将军，后又随秦王平王世充、窦建德，以功晋爵郢国公。在玄武门之变中，是他宣布了高祖的手敕，平息了兵乱。长孙无忌是李世民的内兄，从小就跟李世民友善，事变前他和杜如晦同为房玄龄策划班子的成员。杜如晦自不待言，此前已任陕东道大行台司勋郎中，又以本职兼文学馆学士、天策府从事中郎。高士廉是太子妃长孙氏的亲娘舅，早在李世民任雍州牧时，他就是雍州治中，玄武门之变中，是他带人放出监狱里的囚犯，发给他们盔甲武器去增援玄武门的。尉迟敬德更不用说，原是刘武周手下经房玄龄开导留在秦府的，与李世民有生死之恩，事变中亲刃逆贼，起到了十分关键的作用。程咬金原在王世充幕下为将，也是玄武门之变的积极拥护和参与者。虞、褚、姚诸人都是文学馆学士。

在这次任命的同时，李世民还有一系列特别表彰或赏赐，其中赐房玄龄绢五千匹，以表彰他的耿耿忠心。还有尉迟敬德，不但任命他担任了东宫最高武职，而且还把原齐王府国司的全部金帛器物赏给他，以表明新太子知恩图报。

这个新阁在形式和名义上，取代了原太子李建成的东宫机构，但由于李世民是以太子监国，高祖"高居无为"，原班子已经瘫痪，所以这个班底实际上行使的，是原先以高祖为首的最高决策机构的职能。

但这次封赏还只是初步的过渡，用今天的话说是"微调"，房玄龄帮助李世民最终敲定的人事调整名单，还要等李世民即位皇帝以后才能落实。太子即位要有一套十分复杂的程序，得经过皇帝谦让，太子推辞，皇帝坚持禅让，然后大臣们劝进，太子不得已而接受，最后才能受禅。尽管这一套都是走走形式，却必须认真去做。

李世民以太子监国，实际上掌握了最高统治权，便开始向朝廷大臣和天下百姓展示他的新风采。继安排完东宫官属之后，第二件事便是让房玄龄等人亲往禁苑，放了所有的鹰犬，取消各地对朝廷的进贡。鹰犬是皇帝畋猎用物，畋猎是皇帝荒废政务的标志，那些进贡则是各地珍异物产，进贡这些物产不仅浪费地方上大量人力物力，而且滋长腐败之风。接着，新太子又召集文武百官参朝议事，听取他们对治理国家的意见。新太子不嗜耳目之娱，不尚驰猎游赏，体察下情，勤心政事，作风严谨，政讼简易而清肃，立即赢得了朝廷内外的赞佩和拥戴。

此后半月，房玄龄主要是忙于为新皇帝即位做准备。其时东宫和朝廷两套中枢机构并行执政，这种局面显然不能长久下去，如何使太子早日即位，成为房玄龄面临的主要课题。这段时间里，好友杜如晦是他的最佳搭档，"筹委会"的成员还有侯君集和长孙无忌。

房玄龄与杜如晦两人虽然性格上各有特点，却又常常不谋而合，配合默契。有时李世民跟房玄龄谋划事情，没有最后议定，两人就说："必须杜如晦来，才能最后裁定。"一会儿杜如晦来到，作出决断，最终还是与房玄龄的意见相同。房玄龄知道杜如晦能决断大事，杜如晦也知道房玄龄善于谋划良策，两个人就好像写文章，一个草拟初稿，另一个加工润色，使得一些重大决策无遗憾之处，因此人们时常并称其"房杜"。

七月己丑，房玄龄又对李世民说："前日臣往宫中拜见陈叔达，他说圣上已然将禅退诏书拟好，不日就将召集朝参。按律制规定，阁员可以提前安排，望殿下再任命一批官属，我料即位大典不出月余即可举行了。"

李世民听过筹备工作的详细情况后，便命"房杜"等人拿出第二批名单：以秦叔宝为左卫大将军，程咬金为右卫大将军，尉迟敬德为右武侯大将军。这三个武职都是统率禁军十二府的，直属于皇帝，相当于今天中央军委的前三把手。左右卫所领为内军，掌宫掖禁御，督摄仗卫，负责皇宫的安全。左右武侯掌车马护从、道路营禁，负责皇帝出行时的警卫。尉迟、程、秦三位刚被任命为新的东宫军事统帅，马上又调任禁卫军将领，这是李世民即位前的重要准备——让心腹将领握住军权，新皇帝则可确保无忧。

是月壬辰，李世民又宣布了第三批任命名单：

高士廉为侍中。

房玄龄为中书令。

萧瑀、裴寂为左仆射。

长孙无忌为吏部尚书。

杜如晦为兵部尚书。

癸巳，对朝廷中枢机构长官又作了进一步增补：

宇文士及为中书令。

封德彝为右仆射。

颜师古、刘林甫为中书侍郎。

侯君集为左卫将军。

段志玄为骁卫将军。

薛万彻为右领军将军。

张公谨为右武侯将军。

长孙安业为右监门将军。

李客师为领左右军将军。

这样一来，又有一批原天策府的主要僚属，被充实进朝廷中枢机构，基本上控制了要害部门。

房玄龄取代萧瑀成为中书省长官，高士廉是门下省长官。尚书省长官为尚书令，由于原先是李世民担任，现在空缺，以后也没人再任此职，因此萧瑀的左仆射实际上是最高首脑。萧瑀虽为高祖旧相，但他一直是支持秦王的，因此由右仆射升为左仆射。长孙无忌与杜如晦和房玄龄一样，同为李世民集团核心层里的人，便分别担任了尚书省六部中最重要的两个部的长官。宇文士及由太子府最高行政事务官升为中书省长官，与房玄龄一起共掌中书省事务。这是因为房玄龄的举荐，宇文士及是个有才干的人，而在中书省设两个监令，便于房玄龄脱出身来操持大事。侯君集、段志玄、张公谨系秦府武将，段志玄在太原时就与李世民交好，后来屡立战功，隐太子（即李建成）曾用金帛拉拢他，他不为所动，并将密情报与李世民。长孙安业是无忌的哥哥，李客师是李靖的弟弟，李世民当年曾救过李靖的命。

这个名单上有几位值得多说几句。

颜师古的安排是房玄龄的主意，他的祖父即是北齐名相颜之推，父亲颜思鲁曾与房玄龄一起做过天策府记室参军。颜师古是著名学者和文学家，自幼博览群书，尤精训诂，善为文章，后有《颜氏家训》传世。当年薛道衡和颜之推两人诗词唱和，经常让颜师古指摘疵短，故而文学馆开设之初，房玄龄便介绍他为学士。这次颜师古又由中书舍人迁中书侍郎，是中书省的副长官。

封德彝是老臣，安排他只是个权宜之计，主要是考虑到李世民对他信任。此人奸猾世故，两面三刀，没少给李世民献计，也没少替李建成出力，这些事房玄龄一清二楚。第一榜草拟方案上不见封德彝的名字，李世民有些生气，问房玄龄和杜如晦："你们不要看他原是中书令，他还曾是我秦王府的司马呢！"于是不由分说定了他右仆射。

人选之事终归还是李世民说了算，房玄龄此时表现出辅臣的灵活性，虽有不同意见，也只能服从大局了。而且在封德彝和裴寂之间比较起来，"房杜"还是倾向于封德彝的，至少在李建成死后的今天，他还不至于跟李世民做对。封德彝死后，其"潜持两端，阴附建成"的事才大白天下，李世民懊悔不迭，遂削除了他的赠官和食封，将原先谥他的"明"也改为"缪"，一个字把他的一生尽给恶化了。

　　还有一个裴寂。李世民最恨的就是这个裴寂。当初太原起兵，裴寂是当地的大地主，在参与密谋过程中以粮米布帛助军，所以被高祖称为"佐命之勋"。此人是个小肚鸡肠的阴谋家，尤其是他诬毁李世民的好友刘文静，导致刘文静被杀，实令李世民耿耿于怀。若依李世民的意见，这等奸佞小人只可杀，不可再仕，房玄龄却劝说："殿下不可意气用事啊！裴寂毕竟是当朝首席宰相，位望既崇，深信于圣上，不能轻易摇动。禅位之时，诏书还得他来宣读呢。"于是让裴寂与萧瑀同任左仆射，以分其权。

　　被罢相的只有杨恭仁。他是个平庸之辈，原任吏部尚书兼中书令，却是齐王李元吉的姻亲。

　　所有这些人事安排，都不是件简单的事，房玄龄等辅臣们可真是动了一番脑筋。为了广泛地团结地主阶级在自己的周围，高祖李渊网罗了各区的贵族和士族，让他们参加到上层统治集团里来，在他先后任用的十二位宰相当中，除了皇子、妻族和太原起兵的元勋以外，其他六人是：北周宗室的宇文士及，隋朝宗室的杨恭仁，梁朝皇族萧瑀，陈朝皇族陈叔达，关东士族封德彝，关中士族裴寂。高祖的这种用人政策，对于协调各地区的上层关系是起作用的。但现在形势不同了，这些贵族和士族思想保守，有的人甚至对农民抱有极端仇视的态度，这对于新一代皇帝立志文治天下、发展经济稳定社会的新思维来说，显然是不适应的。况且，这些人在武德时期虽然也有支持过李世民的，但像裴寂这样的人，毕竟不能让人放心。

　　另外，从李世民本人的角度考虑，又不能完全依靠原先秦王府的旧僚来执政。这些人是李世民的铁杆支持者，但他们很容易依仗其功勋和与李世民的亲密关系，把新皇帝包围起来，进而垄断大权，把持朝政。对此，房玄龄心里也是很清楚的。

李世民继太子位不到两个月，朝中便按律走完了禅位的一应程序。八月初，高祖正式下诏给裴寂等人，表示尽快将皇位让给李世民。

房玄龄得到这一消息，即与李世民商量，把登基大典定于八月九日。一日，并州一位官员来找王珪，说那里有些投机取巧的人，纷纷以告发捕缉李元吉余党来邀功请赏。房玄龄与杜如晦说："此风不可长，恐为太子树敌。"二人便请王珪一起向李世民禀报。李世民说："我自做太子至今，还没有向地方发布一道旨令，正考虑即皇位之前如何亮相呢。"

房玄龄说："太子可按律颁发大赦令，武德九年八月九日黎明以前，不论罪行轻重，亦不论已经发现或尚未发现的罪犯，以及羁押狱中的囚徒，全都免罪释放。"

李世民遂让王珪拟旨。赦令曰：

举凡六月四日以前与隐太子及齐王有牵连的人和事，不许追纠和告发，违者一律治罪。逃亡山泽挟藏军器者应自首，不自首者将依旧治罪，告发者以告发之罪论处。武德元年以来流放配军的罪人，皆行释放还家……

赦令中还宣布了一些亲民措施，比如给关中地区和蒲、芮、虞、秦、陕、鼎等六州百姓免两年租调，全国百姓皆免一年徭役。八十岁以上的老人赐米二石、绵帛五段；百岁以上老人赐米四石、绵帛十段，并按例赐给名义官职，以示尊敬。对鳏寡孤独实行特殊救济，举荐和表彰孝廉，州府推选上报义士节妇名单并在其门上挂光荣匾，推荐天下有声望学识之人、敢于批评社会不良现象和向朝廷提出建议者，持州府推荐状入朝候选等等。考虑到玄武门之变以后有逆党分子逃匿，朝廷限期命令那些人自首来归。

大赦令体现了新太子的宽厚仁爱，普天之下无不沐浴皇恩，因而一片赞誉，翘首期盼新皇帝登基。

二、安抚百姓

八月九日上午，皇城里举行隆重典礼。

李世民没有修建新的宫殿，而是选择太子东宫的显德殿作为登基之所。他知道高祖丢了帝位心里不会好受，故而不去惊动父亲的生活起居，就让父亲仍住在太极宫里，并仍然在太极殿中接受他的请示和汇报。

长安大兴城里万人空巷，十几万市民都涌到大街上，等着看新皇帝加冕后大游行。那景象真是壮观极了，人们扶老携幼，满面春风，从金光门到开远门，简直挤得水泄不通。景风门一侧是五品以上朝官家眷，那些外国来的使节，只能派代表进宫致贺，余下的都挤在百姓当中，提着脖子观望。

皇城高墙壁立，墙下五尺之内都有军士列队守着。日上三竿时分，只听得皇城里礼炮轰鸣，鼓乐齐奏，街上百姓便纷纷叫道："太子登基了！太子登基了！"百姓都知道新皇帝是个英明圣主，当初进城时秋毫无犯，如今墙上又新贴了安民告示。因黎明前已然大赦天下，人群中竟有许多刚出狱的囚犯。还有些平时在街上见过李世民的，对年轻皇帝的圣颜加以描绘，就更催开了人们的笑脸。

此时禁城中，百官在通乾、观象门外排好班次，文官在前，武官在后，依次前往武德殿。殿上仪仗排列整齐，李世民在羽扇屏障下贵升御座，宫娥羽扇撤至两厢。但见李世民头戴朱红花冠，身穿黄色龙文衮袍，腰间一条十三环金玉革带，足蹬乌皮六缝靴，神采奕奕，英姿焕发。御座脚下，文武百官与各国使节，以及近畿刺史县令，排列两厢。殿外是金甲武士、鼓吹、歌舞伎，服色缤纷，绚丽夺目。

三声号炮响过，十二面金鼓齐鸣，大典宣告开始。高祖命裴寂和萧瑀把皇帝玉玺和丝绶授予李世民，按部就班的文武大臣们山呼万岁。黄袍丝绶加身，新皇帝接过玉玺，乃是八个隶字："皇天景命有德者昌"。众臣跪拜，赞者应和传承，先是各国、诸夷来使拜贺，接着是文武百官。

房玄龄等三品以上大臣，位列前班三叩九拜，随后便由司仪将新皇帝扶上龙椅。这时就听禁城里山呼海啸一般，墙外街上的百姓也跟着欢呼。

待声潮止息，有人指着皇城西门大喊："瞧！仪仗出来了！"众人便一齐向皇城西门涌去。果然是一队仪仗，浩浩荡荡出了顺义门，向南郊逶迤而去。这是在南郊举行祭礼的官员，以裴寂为首，旌旗猎猎，华盖纷呈，炎日下一片金碧辉煌！仪仗队伍有如一块巨大的磁铁，吸引得看热闹的百姓像潮水一样尾随而去，街面上哪里还看得见一块砖石来？沸沸扬扬全都是人！

来到南郊社稷坛上，裴寂宣读了祭文，把新皇即位的消息仰告上天。这些事都理应由裴寂来做，别人不能代庖，亏得房玄龄把他留在阁中了。社稷坛下又不知跪了多少人，人们在心里默默祈祷，都盼望这新皇帝能给天下带来好运，给百姓带来幸福。

与此同时，皇帝大游行也在城里开始了……

三天庆典热闹不提，随后便是一系列封赏。高祖从此正式退位，被尊为太上皇；李建成追封息王，谥"隐"，故后世称其为隐太子。李元吉等被诛杀的皇室成员也都作了善后处理。作为新一代首席宰相，房玄龄自然不会被李世民亏待，被晋爵为邢国公，赐实封食邑一千三百户。已故的房彦谦也是父因子贵，赠徐州都督、临淄县公，谥号定。

论功行赏之日，李世民让陈叔达在大殿台阶下唱名宣布：房玄龄与长孙无忌、杜如晦、尉迟敬德、侯君集五人论功为第一。兵部尚书杜如晦为蔡国公，吏部尚书长孙无忌为齐国公，其他文武重臣也都一一赏赐。

然后李世民问道："我论功行赏，恐怕未必全都妥当，如有不当，可以自己提出来。"

于是诸将争功，吵吵嚷嚷。如此高的封赏，引起李世民叔父、淮安王神通的极大不满，上言道："我在关西率部首先举义旗反隋，而房玄龄等人只会捉刀弄笔，功劳却居我之上，我实在是不服！"

李世民面带笑容解释说："叔父您虽然首先举兵响应反隋，但这不过是自谋摆脱灾祸。及窦建德侵吞山东，叔父全军覆没；刘黑闼再度反攻时，叔父却丢兵弃甲望风而逃。房玄龄等人筹谋帷幄，决胜千里，使大唐江山得以安定，实有建国创业之功啊！论功行赏，自然在叔父之上，当居第一。汉朝的萧何，虽无战场上的汗马功劳，但能谋划大计，指踪推毂，因而功居首位，房玄龄与他是一样的。叔父是国家的至亲，诚无爱惜，但以不可缘私滥与勋臣同赏矣。"

本来将军邱师利等人也都自以为功大，对封赏有些意见，也打算上诉，现在见皇上如此说，也便自相谓曰："陛下处事公平，封赏不因亲属而厚待，我等还有什么可说的呢？"

当初高祖李渊封赏时，三亲六故，三岁孩童以上封王授爵者，竟有数十人之多。这一回，李世民却谓群臣道："自从两汉以来，受封的都是皇上的儿子及兄弟，立有大功的人却常常被疏远。如若皇室成员尽都封王，还要多给他们役丁，那就等于劳苦百姓来养活自己的亲属。"

于是，李世民责成房玄龄，将那些从前封了郡王的宗室成员们逐一加以考核，其中有些无功受禄的，全都降为县公。举国官吏晋爵一等；五品以上官员未封爵采邑者，封为开国男；六品以下官员各升一级。

这厢封赏既毕，房玄龄想起有个人还关在牢里，便对李世民说："陛下如果看见一块金子埋在土中，是取它回来，还是任它埋没？"

李世民盯了他半晌，方才悟得他的意思，便说："世人都说，我有房杜，东宫有王魏。李建成多年来所倚重者，无非王珪和魏徵二人，此二人最为我痛恨！"言罢，领着房玄龄、尉迟敬德、秦叔宝亲往牢中。

此行路上，房玄龄想了很多。凭着他的政治敏感，他意识到魏徵、王珪、韦挺等人是牵一发而动全身的事情，处理得好可以举一反三，处理不好则影响面很大。东宫府属中有很多富有才干的人，当初他们虽与李世民作对，也不过是各为其主，并以此取得自己的荣显，与李世民并无根本的利害矛盾。如今"皮之不存，毛将焉附？"只要皇上能以国士礼待之，他们必会感激不尽。另外，这些人里面有的跟关中大姓豪族关系密切，只有利用他们，才能迅速缓和河北、山东的局势。

王珪和韦挺都是李建成东宫的死党，早在杨文干叛乱之时就受牵连而流放嶲州，魏徵此时却羁押在牢中。李世民见到魏徵，想到几度为他计谋所伤，便按剑骂道："魏徵匹夫，你知罪吗？"

魏徵举止自若，从容答道："臣奉朝廷之命辅佐太子，因一时疏漏，未在太子身边，才酿致玄武之祸。太子如早听魏徵之言，必无今日。"

李世民见他话里带着讥诮，怒道："你这阴恶之徒，几番离间我兄弟，出谋加害本宫，今番你主子已被我剪除，看你还有什么话说！"

魏徵侃侃说道："殿下若以辅佐太子之罪诛臣，臣实不服。昔日太子虚据储君之位，殿下却为天策上将军，掌十二卫大军，兼为中书令，秉国政，使太子有名无实，请问殿下诸属臣如房玄龄等可否服从太子？殿下设身着想，身为太子若不削藩，手中没有兵权，岂能久安其位？今殿下已为太子，假设另有一王代殿下掌管军国大权，而又不服于殿下，殿下能安然无忧吗？若殿下属臣劝殿下收回军国重权，也该治罪不成？"狱中的魏徵还不知李世民已登基，但李世民并不予计较。

李世民闻听此话，惊愕不已，拄剑思谋半晌，方才说道："无论你如何狡辩，却难赦五条大罪。李建成令杨文干起兵，你为之开脱，此其罪一。你抓捕张亮，诱供谋害寡人，此其罪二。你唆使李建成屡次加害于我，此其罪三。夺我兵权，此其罪四。出谋赶走房玄龄、杜如晦，此其罪五。"

魏徵仰天笑道："殿下说魏徵该死，何须五条罪状？只是我有一句话，得留给后世臣子，倘若今后再有人谋害皇太子，东宫诸臣切莫效法魏徵殊死保主之为了，只须站在河边看水涨，择势大者而事之。如此不仅无杀身之祸，反可锦衣加身，富贵荫子，岂不乐哉！"

魏徵虽为阶下之囚，却是临危不惧，一席话说得君臣几人神情耸动。早在隋末群雄逐鹿时期，魏徵就已表现出超人才干，李建成对他最为重视，在与李世民争夺皇位继承权过程中，魏徵作为东宫头号谋主，的确出过不少令李世民头疼的主意。李世民自然是恨之入骨，却又暗自若有所思，最后还是一咬牙便命人拉出去斩了。

这时房玄龄夺过尉迟敬德的腰刀，上前削下魏徵一缕头发，呈给李世民说道："玄龄已将他斩发为惩，留下他一颗头颅，日后为陛下所用。"

秦叔宝等人见李世民怒气稍抑，又有房玄龄出面说情，也便开口为魏徵求情。

其实李世民下令问斩也是犹犹豫豫，魏徵不独有一张铁嘴，他胸中定有谋略，不然壶里无水，嘴上如何倒得出来？这等人物如若留在自己身边，正如房玄龄所说，日后必有所用。

因了房玄龄与秦叔宝等人的保举，李世民不但未杀魏徵，还亲自上前为其松绑，歉意言道："先生的才智胆识，果然名不虚传。不教玄龄削发代斩，寡人险些害了贤才！"

遂封魏征为巨鹿县男，并授詹事主簿，兼谏议大夫，许以日后再以功升赏。众人拊掌称颂："楚材晋用，求贤若渴，以仁取信天下，真德政也！"

继魏徵之后，李世民又启用了隐太子旧党王珪和韦挺，也任命为谏议大夫。这又表现出房玄龄善于用人的才华：谏议大夫是门下省官职，掌侍从规谏，却无决策权。让魏、王、韦诸人做谏议大夫，一来可以平定人心，二来可以让李世民听见来自不同立场和感情的人的意见，三来又可"以观后效"决定再度起用。

新皇初即位，诸方观望徘徊，河北、山东各州犹未安宁。一来是因为当年李密、窦建德、刘黑闼等强势都曾以此为根据地，二来"玄武门之变"后，李建成与李元吉的旧部大都逃匿到此，所以这一带从军府到民间，都潜伏着许多隐患。这还仅只是直接原因，从根本上说，山东从古至今一直是国内的一个政治焦点和重点，山东士族资历最老，势力最大，豪杰济济。房玄龄与杜如晦谋划再三，建议李世民派大将屈突通为陕东道行台左仆射，出镇洛阳。这亦是对安邦定国举足轻重的一步高棋。

行台即行台尚书省的简称，是承晋隋以来行台尚书而来的临时性地方行政机构。唐初，李世民在洛阳执任陕东道大行台尚书令，并以此控扼东都时，房玄龄便建议"诸道有事则置行台尚书省，无事则罢之"。因为陕东道曾是李世民的大本营，所以这里的官员都是原秦王府的亲信。在此之前，李世民早已引温大雅为陕东道大行台工部尚书，现在考虑到温大雅只是一介文儒，恐不足以镇服此时浮动之人心，于是让威名远扬的老将屈突通驰镇洛阳。

屈突通在隋时就以秉性刚直、智勇兼备而广受敬重，隋亡降唐以后，跟随李世民扫平东都，在这场唐朝统一全国过程中最大规模的一场战役里，他是最大的功臣。他曾两度出任陕东道行台仆射，熟悉东都形势。房玄龄协助李世民，冷静地在洛阳安下这

枚棋子，实在意义非凡，对稳定河北、山东局势，起到了关键性
作用。

又一日，李世民群臣议政，房玄龄谏言："以仁德怀天下，
则天下久安。臣闻屈突通将军到任后，繁忙操劳不舍昼夜，致使
沿河一带日渐安稳。但恐其身单力孤，不如再遣魏大夫前往彼处
招抚，一来助屈将军一臂之力，二来也为魏大夫提供一个建功机
会。魏大夫生长于斯，熟悉民情地理，且与当地各派力量都曾有
过旧交，倘能许以便宜行事，则必可稳定该地时局。"李世民准
奏。

魏徵临行前来见房玄龄，感慨言道："新皇仁厚，玄龄贤达，
我朝有这等主臣执掌江山，实为幸事！"

房玄龄笑道："食君之禄，报君之恩，这是古来良臣的基本
准则。你我共辅朝纲，自当殚精竭虑，知无不为。"遂执手相送，
行至数里方归。

魏徵巡察到了磁州，正逢当地官府押送逃亡河北的前东宫千
牛备身李志安、齐王府护军李思行等人去长安受审。一队囚车逶
迤而来，那李志安与李思行只把蓬乱的头脸露在囚车上面，白日
如炽，只怕不等走到长安，人已死于半途了。见了魏徵，二人连
呼"魏大人救我"。

魏徵便与同行的副使李桐客说道："我等受命出行时，太子
有旨，前东宫和齐王府的人概不问罪。此地军府却把他们送去受
审，这分明背离了朝廷旨意，人们必然要怀疑朝廷赦令的真假。
主上既然以国士待我，我等就应以国士报答主上，倘把他们释
放，消息就会不胫而走，四方便要感激主上恩德了。"

未几，二将获释的消息传到长安，李世民非常高兴，河北各

州也很快稳定下来。李世民赞道："魏徵果有经国之才，可委重任也！"

房玄龄奏言："从前秦王府里的旧人，这次还有些未得到封官的。他们见陛下已经给原先隐太子和齐王府里的人都安排完了，自己却还没轮到，故此心生埋怨。"

太宗（李世民死后庙号，书中暂称）说："自古以来被称作至公的君王，无非是说他们平恕无私。丹朱和商均，本是帝王之子，而尧、舜二帝却将他们废了。管叔和蔡叔是兄弟，而周公诛之。故知君人者，以天下为公，无私于物。三国时的诸葛孔明，本是小国之相，犹自知道'吾心如称，不能为人作轻重'，何况我今天料理一个泱泱大国呢？朕与你等的衣食皆出于百姓，所以设官分职都是为了老百姓的利益，理应选拔任用那些贤明而有才干的人做官，岂能不问贤愚就先任用旧僚，而后起用新人呢！如果新人贤明，旧僚却行为不端，难道能舍弃新人而任旧僚吗？"

房玄龄十分感动，遂去做那些旧僚的工作，劝他们以国家社稷为重。"既是圣上的旧臣，理应为圣上着想，相信圣上不会亏待你们。"然后让吏部统计这些官员的数额、品阶、业绩，并将安排意见呈太宗御批。

又想起掖庭后宫还住着众多宫女。高祖荒淫好色，曾经几度在全国广选美女，后宫"多内宠"，美女嫔妃不下三千人，仅那些嫔妃们所生的"小王"就有二十多个，小公主也不知多少。于是房玄龄奏请说："后宫之众，实为弊政的标志，但不知陛下肯否革除先帝旧患？"

一句话启发了太宗，太宗便命人往后宫登记造册，诏书悉数释放，并严厉斥责了这种奢淫行为。太宗说："如今我继承了皇位，就要像父母爱护儿女一样对待百姓，克制私欲，励精图治。后宫里那些女子长久离开亲人，深受幽闭之苦，让我很伤心。从即日起，我要让她们全都回到亲人身边，任随她们婚配嫁人。"

后宫里何止三千人！深宫掖庭洞开之日，但见那些嫔姬美媛、佳丽宫妇，缕缕行行足有五千之多！这些女人自从进了宫，就没再见过天日，甚至连皇上都没见过。她们走到朱雀门大街，抚肩抱身号啕大哭，有的被闻讯赶来的家人领走，有的当即进了城中人家，尽享人间情怀了。

三、以仁取信

从太宗即位到这一年的年底，房玄龄十分操劳。作为深受太宗信任的近臣，又是手握重权，朝中一应事务都需他来参与处理，其中的辛苦可想而知。太宗是个明智果断的皇帝，富于卓识和才干，在这样的皇帝身边为相，既是对个人才华能力的考验，也需要充沛的体力和精力。

当时，革除旧弊的工作千头万绪，巨细纷呈，同时又有突厥不断来犯，文来武去，内安外攘，两手都要硬。这一年太宗二十七岁，房玄龄四十七岁。与从前那些黄口小儿登基的皇帝相比，李世民经历了许多沙场征战与宫闱斗争的考验，自然具有政治家的老练与成熟。房玄龄此时也正值年富力强，明主得了天下，良臣深得信任，自己的才识和经验都得以充分发挥，所以心情舒畅，不知疲倦。

七月己丑，突厥举十万大军入寇陇州、渭州，朝廷遂派右卫大将军柴绍率兵抗击。柴绍打了胜仗，歼敌千余人，杀死可汗子弟一人。八月丙辰，突厥遣使来和，暗中探察唐朝动静，不久，突厥又进攻高陵。尉迟敬德与突厥大战于泾阳，大捷，又消灭敌一千多人，俘获突厥俟斤（高级将领）阿史德乌没啜。但这并未阻挡住突厥的攻势，颉利可汗一怒之下亲自率兵，进至渭水北岸咸阳桥头，距离长安仅几十公里了。

颉利可汗大兵压境，派心腹执失思力入城来见太宗。黄门进宫来报，太宗传旨宣进殿前，执失思力有恃无恐，声称他们可汗此番将兵百万，已经兵临城下了，若想保住朝中性命，只有屈服妥协一条路好走。

此时的突厥确是不比从前了，隋末唐初以来的中原战乱，使东、西突厥都乘机复振兵马，他们雄踞漠北，控扼西域，势压中原，从东面的契丹到西域的吐谷浑、高昌诸国，臣属众多，拥兵百万，军事力量十分强大。当年参与群雄角逐的薛举、窦建德、王世充、刘武周、梁师都、高开道等人，虽然都自称帝号，但一律都向突厥称臣，高祖父子在建唐过程中，为了争取突厥的支持，也向突厥臣贡"财帛金宝"，以此向突厥借助兵马。高祖武德年间，突厥也曾数次向唐朝勒索，高祖只是以礼相待，委曲求全，怎奈突厥贪得无厌，并越发骄纵蛮横了。如今唐朝换代，突厥闻知信息便举倾国之兵前来掠夺，料想这位刚坐上皇帝宝座的新主定会战战兢兢，要什么就得乖乖地给什么了。

见执失思力抱住双肩昂然而立，长孙无忌断喝道："既见我皇，还不跪下！"

执失思力竟哈哈大笑。"什么皇上！我们的皇上是我大汗，正在桥边等你回话儿呢！"于是又埋怨一通唐朝新主不去向突厥请礼、岁贡一年比一年少等等。直说得侯君集、尉迟敬德、秦叔宝等一群武将，个个横眉立目，恨不能一刀将他劈了。

太宗大怒，斥责道："我从前曾与你们可汗面结和亲，馈送许多金银蜀锦，为的便是敦邻修好，如今你们可汗背盟入寇，难道就不害臊吗？你们虽然生自戎狄，可也长着颗人心，怎么就能全然忘了我朝大恩，自夸强盛了？"遂喝令推出去斩了。

房玄龄示意堂上文武大臣们坐下，这样即便执失思力不跪，也不失朝廷之威了。遂与太宗低声说道："自古两军交战不斩来使，陛下权且息怒，以礼相还便是了。"

太宗说道："我若还了他，那颉利可汗必定以为我怯他，越发恣肆了！不如杀了这厮，以示我朝天威。"

房玄龄说："别说是杀了他，凭我国兵力，就是将他十万军卒尽剿于渭北，也是不难。可是陛下新立，军队和百姓多年苦于战乱，再燃烽火，只恐天下人复又堕入无望了。依臣之见，陛下可亲往咸阳桥走一趟，如肯修好，则善待之，如不肯修好，再击之不迟。"

众臣听了，都很惊讶，心想让皇上亲临敌前，万一被突厥俘了去怎么办？但房玄龄料定突厥此番不敢擅自动武，便命人将执失思力先押于门下，然后随太宗往咸阳桥边迎敌。

当下太宗吩咐李靖校点兵将，全装披挂，绰枪上马，径出玄武门，身边只带房玄龄、萧瑀、长孙无忌等六骑。

渭水在长安附近有三座桥，即东渭桥、中渭桥和西渭桥。西渭桥又称咸阳桥，是汉武帝时所建，因在当时长安城便门以西，与便门相对，因而又称便桥。从长安渡渭水西行，多由便桥通过。

太宗率房玄龄等人驰至桥上，只见对岸营帐无数，旌旗猎猎，那些突厥士兵摇旗鼓噪，一派虎狼之声。太宗半立在马上大呼道：

"你等可见朕亲自来了吗？朕与你们约为兄弟，说好永不相犯，为何负约又来侵扰，莫不是想来送死吗？"

对岸的颉利可汗见太宗只带六骑而来，不免大吃一惊。众兵将纷纷放下旗帜兵器，拜于地下，一时间山呼万岁，声闻数十里。随后，就见唐兵自长安方向席卷而来，旌旗蔽野，剑戟森严，各依次序排列阵前。原来朝中长孙无忌等大臣还是放心不下，便派了尉迟敬德、秦叔宝诸将领兵护驾而来。太宗把手一挥，令众军远退，只与颉利可汗隔水对话。

颉利可汗起初担心有埋伏，所以未敢过桥，今见唐朝大军如蚁如蝗，自知不可造次，言语中不免客气了许多。问执失思力如何了，房玄龄告知正在客馆喝酒吃肉，颉利便更加气馁羞愧，答应再遣使臣来议和。太宗应允，当下斩了座下白马，与颉利歃血盟誓于桥上。突厥遂引兵退去。

回到朝中，大臣萧瑀问房玄龄："突厥没来请和的时候，众将争着要出战，你却建议皇上不战；如今反倒让皇上亲自迎敌，不知何故？"

房玄龄笑着说："这哪里是我的主意，是圣上大智大勇啊！要想消灭他们倒也容易，只是圣上考虑即位日浅，国家未安，百姓未富，当以安抚之。倘若跟他交战，结怨越来越深，损失可就大了，敌人难免会因为惧怕而加紧修备，倒让我们整天提心吊胆的。"

太宗闻言，一旁说道："房卿所言是矣。将欲取之，必先予之，正此之谓也。"

萧瑀拜道："陛下神机妙算，非臣等所及。"

突厥退去，边地稍安，太宗可以腾出手来治理国内事务了。房玄龄身为中书令，协助太宗执掌一朝政务，自无一日清闲。

其时国内经济凋敝，灾害频仍，形势非常不好。隋朝盛时，政府控制的户数曾达到九百万左右，经过隋炀帝的残暴统治和长期战争之后，到武德末年就只剩下不足三百万户了。政局也不十分平稳，李建成、李元吉的余党还散布各地，其中包括了一些中央和地方的高级官员。在武德九年和贞观元年，地方上曾不止一次发生变乱。

高祖时，为了制止金银绫绢等贵重物品私相贸易，沿黄河各紧要关口都设立关卡，禁令很严，是老百姓意见最大的一个热点问题。房玄龄见到地方上的奏本，立即替太宗起草诏书，撤销了沿河各关口的防务，禁止路霸行为。诏文说："国家设立关卡的地方，都是交通要道，其目的应是禁止坏人犯罪违法，而不是侵害百姓。但许多年来禁防森严，这不是安民招商的好办法。现令潼关以东沿河两岸关卡一律废除，凡金银绫绢，今后皆可出入。"

九月初一，结盟而还的突厥颉利可汗，派人献给太宗三匹马和一万只羊。房玄龄建议太宗不要接受，说："陛下可记得，温彦博还羁押在突厥手里吗？如能利用这个机会，让他们放温彦博还朝，那么天下人都会知道陛下并不看重财物羊马，重视的是人才和百姓。"

温彦博字大临，出生于书香之家。父亲温君悠曾任北齐文林馆学士、隋泗州司马。在良好的家庭环境中，温彦博不仅有学识渊博的父亲，还有和他一样自幼就博览群书、聪颖异人的哥哥温大雅和弟弟温大有。还在他们青少年时代，父亲的朋友薛道衡、李刚就断言三兄弟"皆卿相才"。隋朝开皇末年,"通书记,警悟而辩"的温彦博通过对策及第,被授为文林郎,直内史省。后来隋虎贲郎将罗艺起兵攻占柳城、怀远等地,自称幽州总管,温彦博被引为司马。

唐武德二年(619),罗艺归唐,温彦博因预谋此事有功,被任命为幽州总管府长史,封河西郡公,不久被高祖召入朝廷,拜为中书舍人,又擢为中书侍郎。房玄龄投奔太宗时,是温彦博替他引荐的。高祖时,高句丽国派遣使者贡献地方特产,高祖欲让而不纳,温彦博引证历史,认为如此不妥,劝高祖说:"辽东本周箕子国,汉立玄菟郡,今不接纳北使朝贡,则四夷何所瞻仰?"高祖认为言之有理,于是采纳了他的建议,接受了高句丽国称臣纳贡的要求。

温彦博出事是在武德八年(625)。当时突厥率骑兵十余万大掠朔州并进犯太原,高祖命温彦博为行军长史,协助右卫大将军张公谨反击。唐军与突厥在太谷(今山西省太谷县)大战,唐全军覆没,温彦博兵败被俘。突厥贵族因温彦博为皇帝近臣,逼问他唐朝兵粮虚实,温彦博坚贞不屈,拒不回答。突厥大怒,将他流放到阴山苦寒之地。

一年来,房玄龄一直没忘记那个苏武牧羊一样的温彦博,平时看见温彦博的家人,总是好言相慰,时刻惦记着把他救回来。

太宗依从房玄龄所谏,令颉利把所掳掠的中国百姓归还唐朝,并指名要放还温彦博。不久温彦博回到京师,房玄龄以太宗的名义摆宴接风,温彦博感激不已。随后,温彦博被任命为雍州治中,不久改检校吏部侍郎。他兢兢业业,恪守职责,"意有沙汰,多所抑损",被提拔为中书侍郎兼太子右庶子。

虽然突厥一再表示友好，但太宗和房玄龄并没有放松警惕。太宗把各禁卫军将领和军士们请到显德殿院中，让他们练习射箭。他告诫将士们："自古以来，北方的夷狄就不断侵扰中原，最令人担心的是，边境稍微安静，做皇帝的就放松戒备，追求游乐，忘记了战争的威胁，因此敌人一旦打上来就没有办法抵御。现在我不派你们干一些挖池筑苑的活，而让你们专门练武，朝廷上无事时，我亲自当你们教练，突厥来犯时，我就做你们的统帅。希望能有效地抗击来犯之敌，使唐朝百姓过上安宁的日子。"

他每天请好几百人在显德殿前操练，亲临现场，测试众人的箭法，对射中次数多的人予以奖赏，军官则给以上等的考评成绩。大臣们纷纷劝道："法律规定，挟带兵器到皇帝住所的人要处以绞刑，就是担心有人会刺杀至尊。现在让兵卒们在陛下身边弯弓射箭，万一哪个亡命之徒暗中行刺，就会危及社稷安危，陛下要为国家着想啊！"

韩州刺史封同人听说这件事，情急之下诈乘驿马赶到朝中，情真意切地劝阻太宗。太宗不听，说："帝王视四海如一家，我把四境之内的百姓都看作我的子女，对天下百姓都推心置腹，何必对侍卫我的卫士们妄加猜疑呢？"

皇上的恩信极大地鼓励了士兵们，他们刻苦训练，几年内都成为勇敢善战的战士。房玄龄敬佩太宗的心志，但暗中吩咐几位贴身侍卫，让他们小心警卫。

整治社会环境，移风易俗，也是动乱后朝廷应该着力解决的问题。因为良好的社会风俗是清明政治的重要体现。民间占卜和鬼神崇拜欺诳百姓，骗人钱财，常常令普通人家疑神疑鬼，破财毁家，那些政治上图谋不轨的人往往利用占卜淫辞蛊惑人心，煽动百姓。这是造成社会风气污浊的重要因素。房玄龄又为太宗拟诏："私家不许任意立祠祭祀，不合礼仪的祈祷应全部禁止。除了朝廷允许的龟易五兆等卜筮正术以外，其他各种占卜一律废除。"

当时还有一个非常棘手的问题，那就是宗教。在隋朝，由于文帝和炀帝都崇奉佛教，导致了全国佛寺林立，教徒的人数迅猛发展，已经成为一支不可忽视的社会力量。高祖在建唐过程中为了赢得广泛支持，也曾尊崇并利用佛教，立寺造像，行斋弘佛，甚至朝廷大臣中间也有许多人成为佛教信徒。但在武德七年，太史令傅奕向太祖疏奏了一道著名的《废省佛僧表》，指责那些僧侣不忠不孝，游手好闲，轻犯宪章，主张除去佛教。他说："按礼的要求，一个人从侍奉父母开始，终身侍奉君王，这才是忠孝德行。可是佛却遁世出家，不侍奉双亲，以一名百姓来对抗天子，以佛法的传承来悖谩父母，这不可取！"就在玄武门之变发生的前一个月，高祖以京城寺观不甚清静为由，顶住了崇佛派的巨大压力，颁行了旨在整顿和限制佛教发展的《沙汰佛道诏》。这道诏书使佛教面临一场重大的打击，虽然因为玄武门事变的发生没能彻底贯彻实行，但已经引起了国内宗教界的惶惶不安。

房玄龄对佛道二教，一向持谨慎态度。他自己并非佛徒，但他很重视佛教的"治心"作用，而且一直与宗教界人士保持着良好关系，除了孤悬法师以外，普光寺的住持慧净和尚还是他的本家。经过慎重思考之后，房玄龄建议太宗说："当年在东都围攻王世充时，陛下曾得到登封少林寺僧众的援助，并许诺他们要护持正谛。如今陛下新登，不能失信于众僧，况且全国范围内佛教徒和道教徒人数如此之众，稍有风吹草动便会导致局势动荡，暂时应以安抚为宜。"

于是，在房玄龄代为起草的《诛太子建成齐王元吉大赦诏》中，明确宣布立即取消高祖沙汰佛道的诏令，规定"其僧、尼、道士、女冠，宜依旧定"。不少佛道界人士因此躲过了被沙汰的命运，太宗也因此赢得了教徒们的好感。

出于同样的考虑，房玄龄又建议太宗，为那些当初在舆论上做出过贡献的道士加官行赏。其中洛阳道士王远知因预告符命有功，加封为银青光禄大夫，敕润州于茅山置道观，以供他修道之用，并降玺书褒奖。还有道士孙思邈，早在隋末就曾预言："过五十年，当有圣人出。"这次也召至京师。因他医道高深，遂留在宫中供职。

房玄龄的工作细致务实，不肯做表面文章。一次民部尚书裴矩上奏，请求对遭受突厥抢掠的边地百姓给予适当的赈济，每户补助一匹绢，太宗批准。房玄龄对太宗说："陛下诚信对待百姓，不想空有救济之名而不解决实际问题，是不是这样呢？"太宗一愣，问："难道绢帛不是给百姓做衣服的吗？"房玄龄说："绢帛确实是百姓所需要的，可是不论人口多少，只按户头颁赐，有些人多口众的人家还是穿不上衣服呀。"于是太宗下旨，改为以人头为标准分配。

其时地方上盗贼出没，有人建议以严刑峻法来禁止，房玄龄却对太宗说："百姓之所以为盗，无非是因为赋役繁重，官吏贪苛，这才迫使一些良民不顾廉耻铤而走险。我们应该节俭费用，破除奢侈，以减轻百姓负担，选任让百姓满意的廉洁官员，这样百姓自然就不会犯法了。"

新罗、百济、高句丽三国因旧仇而互相进攻，有人建议太宗趁机发兵朝鲜半岛,一举平之。太宗问房玄龄如何决策,房玄龄说:"国家正处于百业待兴之际,不宜再动干戈,应以上国之恩威抚之。"太宗便以国子助教朱子奢为使节,前往三国传达太宗的旨意,劝他们和解。三国都上表感谢,立即停止了战争。

凡此种种,不一而足。太宗即位后的半年间,内外一应事务,涉及政治、经济、军事、外交、民族等许多重大问题,对于即位不久还缺乏经验的太宗来说,应该说应付起来困难很大。正是由于有了房玄龄等大臣们鼎力辅佐,才得以比较顺利地完成了新旧政权的过渡。

第二年乙酉正月,亦即公元 627 年,大唐王朝的基业比较稳固了,这才正式改元"贞观"。从此,便开始了中国历史上著名的"贞观之治"。

四、发展经济

新年之际,朝中举行盛大国宴,安排演奏了旨在歌颂太宗武功的《秦王破阵乐》。但见一百二十八名披银甲、持剑戟的武士,由太乐令引导,按金鼓节拍击刺往来,威武雄壮有如战阵。太宗喜不自禁,告诉众臣:"过去我受命出征,击败刘武周,所以军中和民间就产生了这套乐曲。虽是杀伐之音,不像表现文治德政的乐曲那么雍容舒缓,但我的功业是通过征战得来的,通过乐曲表现辉煌的武功,是为了不忘根本,牢记天下得来不易。"

烽烟已经散去,秦王的时代过去了,代之而来的是新皇帝的偃武修文,安邦治国。

此时的房玄龄清醒地知道,国家的局势还不容乐观。隋末以来十多年的战乱，给社会经济造成了巨大的破坏，尤其是函谷关以东地区，千里萧条，人烟断绝，鸡犬不闻。近些年来，关中及山东一带连遭水灾，听说陇右和河南粮价暴涨，一匹绢才能换到一斗米。老百姓缺衣少食，四处流浪。唐初关中地区是府兵集中地，折冲府主要分布在这一地区，如果情况继续恶化，恐怕连兵源也成问题了。

还不仅是灾荒。就在《秦王破阵乐》在皇宫里演奏的时候，天节将军、燕郡王李艺在泾州举兵叛乱。虽然这次叛乱很快便平息了，但它给朝廷敲响了警钟——内乱还有可能发生。此外，北部边境还有突厥虎视眈眈，西部尚有吐谷浑磨刀霍霍，边地上战事不断。

为此，房玄龄手书"惧畏恐忧"四个大字，送与太宗，悬挂在显德殿上。太宗说道："你这四个字，正是我此时的心理写照啊！我每天都如履薄冰，如临深渊，内忧外患，让我很少安宁。"

太宗担心百姓因贫而思乱，于是与房玄龄等人一起研究政教风化。太宗说："现在大乱刚刚结束，恐怕百姓不容易教育感化啊！"对于如何缓和各种矛盾，实现天下大治，他还没有找到稳妥的措施和办法。

一天，房玄龄从武器库检查回来，对太宗说："我看见库中所藏的兵器远比隋朝的还要充足，如果能将其一半变成用作生产的工具，那该多好啊！"太宗想了想说："你说得对。修整兵器防范寇贼虽然要紧，但我只希望你们留心治理国家的策略，务必竭尽忠诚，使百姓安居乐业，那便是我的兵器。隋炀帝难道没有兵器吗？导致他灭亡的恰恰是这些兵器。由于他不修仁义，百姓怨恨起义反抗，夺过兵器推翻了隋朝啊！要理解我的这个心意，应当以德行仁义来辅助我。"

房玄龄与太宗的想法完全合拍，在制定大政方针上，出发点一致。太宗害怕重蹈隋朝灭亡的覆辙，于是对房玄龄和魏徵说："一个人想照见自己的容貌，必须有镜子；一个皇帝想知道自己的过错，必须有敢于直谏的忠臣。当皇帝的自以为是，做大臣的又不加匡正，怎么可能不失败呢？"

针对当前诸多棘手问题，在太宗的倡导下，房玄龄组织朝中大臣进行了一次讨论。以封德彝为代表的一部分大臣认为："三代以后，人渐浇讹"，只有信法律，兼霸道，才能止乱而治。魏徵、王珪等有识之士坚决反对这种主张，他们从总结历史经验到解决眼下具体问题，从君臣伦常、反对奢侈腐化，到泰山封禅、提高人民生活水平，真是广言博论，无所不包。房玄龄本是个擅长综合整理、善于集思广益之人，便将众人的讨论择其优点，归纳出一条基本国策，大力发展社会经济，扭转财政上的困窘局面，尽快改善人民生活，简言"富民强国"。

要想富民强国，首先是要树立以农为本的思想。一个既富且强的隋朝，由于隋炀帝的统治过分残暴而激成了全国规模的农民起义，很快就为义军所推翻。这是房玄龄亲眼看见并身处其中的一次大事变，他对农民的巨大力量不能不"惕焉震惧"。农业是封建社会的主业，农民是主要生产者，要恢复和发展农业，没有劳动力不行。房玄龄早在隋末就对全国人口作过调查，隋朝最盛期户数为九百万，人口达到四千六百多万，平均每户五口人。现如今，全国著籍户数骤降至二百余万，如果按每户五口计算，也不过一千万人口，何况经过府兵参战损耗，够五口之家的并不多了。由于劳动力严重不足，造成大量土地抛荒，到处是地旷民稀，杂草丛生。其时，高昌国王自长安朝觐回国后，告诉其臣下说："我一路上见秦州、陇州以北，城邑萧条，没法跟隋文帝时相比了。"

为了解决这一问题，房玄龄在众议基础上提出三条举措：一是招徕和赎还隋末以来流落沿边各少数民族地区的汉族百姓，其中包括被突厥掠去的汉人。为此房玄龄还特意向温彦博了解情况，温彦博说，隋末流入突厥的汉人有八万之众，建议朝廷用金帛赎回。房玄龄采纳了他的意见。二是劝勉男女及时婚嫁，提倡鳏寡再婚再嫁，鼓励生育。为此，太宗还几次释放宫女，任其婚配嫁人。三是鼓励逃户还乡，并让那些豪族大姓取消家奴，以增加赋税对象。四是提倡僧尼还俗，政府重新登记度牒，一时竟有十余万人走出寺院。另外，还有暂免死刑、释放囚犯等政策。

这些措施经太宗批准，最后以诏书下颁，同时辅以修订后的《均田令》、让人口密集地区的民众向地广人稀地区迁移等等，很快收到良好效果。

均田制是北魏孝文帝在太和九年（485）开始实行的一种土地制度，在当时很有积极意义。唐初高祖又于武德七年（624）重新颁布了《均田令》，但那时忙于征战，落实的情况也不尽如人意。根据唐初《均田令》规定，土地的度量以五尺为一步，二百四十步为一亩，一百亩为一顷。凡年满十六岁以上的中男、丁男，每人给田一顷；六十岁以上的老男和病弱残疾者，每人给田四十亩；寡妻、妾每人三十亩；另立门户的，户主加二十亩。所分授的田地，十分之二为世业田，又称永业田，十分之八为分口田。世业田属私有，人死后由子辈继承；分口田属国有，身死则收入官府另行分配。

为了推行均田制，房玄龄做了大量深入细致的工作。当时，一些贵族和地方官吏兼并了许多土地，朝廷本身也占地太多，仅洛阳的芳华苑一处，周长就达一百二十六里，房玄龄提出，要使土地分配合理，必须先从中央政府和各级官员做起。于是建议太宗把属于皇家园囿的芳华苑等废弃，赐给当地百姓。

在推行均田制过程中，有一件事引起了房玄龄的注意。长孙皇后的叔父、右骁卫大将军长孙顺德出任泽州刺史，一上任便发现前任刺史张长贵、赵士达等人，都占有境内数十顷肥沃的耕地，还截流河渠以为私用，便向朝廷提出弹劾。房玄龄见到奏表，立即建议太宗抓住这个典型，把它作为清算地方官吏兼并土地的突破口。

初夏的中原正值莺飞草长的时节，古老的郑国渠和三白渠静静地流淌，宛若长长的绸带，连接着遥相并列的泾水和洛水，组成稠密的灌溉水网，滋润着京畿以北的大片土地。岸上一行人素装简从，沿渠而行，田间农人只当是县官下来视察，却不知是宰相亲自出巡。

郑国渠是战国时韩国水工郑国开凿的，三白渠即大白渠、中白渠、南白渠的统称。郑、白二渠水量足，流域广，水可浇田，水中淤泥可作肥料，沿岸人民颇得好处。当地有一首歌谣唱道："郑渠前，白渠后，三月无雨不须愁。水得粮一石，泥亦增数斗，且溉且粪长禾黍，衣食京师亿万口。"

房玄龄对郑、白二渠并不陌生。当年投军秦王，西下长安，这块丰饶的土地不仅给唐军以衣食之源，而且凭着它充足的物产，在很短时间内扩充了数万精兵，积聚了雄厚的政治、经济力量。那渠水，那游鱼，那岸畔的垂柳，那水上的小船，常系房玄龄心怀。可是，由于张长贵、赵士达等人私占土地，并且截流渠水，致使郑、白二渠下游的水量正在减少，灌溉量已由四万顷下降到一万顷。他们为谋私利，还争相制造水磨，肆意开渠引水，现在好多用来灌溉高岗地的筒车，都因水量不足无法开动了。

看到这一切，房玄龄心中十分愤慨，回到京师后，便召集各部长官来中书省政事堂议事。会上，他把自己实地调查的结果向大家作了通报，并请长孙顺德报告了州境土地的现状，然后让大家讨论。吏部尚书长孙无忌大怒道："此等赃官不除，均田之制何以遍行天下！我这就启奏陛下，将张、赵二人拿了！"

午时刚过，太宗刚刚用完午膳，正准备到宫前的草坪上舞剑，一出门便见房玄龄领着长孙顺德匆匆走来。太宗兴奋地迎上前去，将房玄龄二人让入宫中。坐定之后，房玄龄奏道："臣等昨日领旨去了泽州，顺德将军所奏之事属实。方才各部长官反复议过，认为农为邦之本，民以食为天，郑、白二渠关系着关中几万顷良田的灌溉和京师的衣食供给，决不可等闲视之。而今，个别官吏富商私占耕地，开渠引水，伤农害民，实当立即制止。可先将张赵二人法办，再把渠边小磨尽行拆去，以保障农田用水。"

太宗见他那副一丝不苟的神情道："爱卿辛苦了，还没用饭吧？"说着便要让人赐宴，犒赏房玄龄。房玄龄忙辞谢道："万岁恩典，卑职不胜感激。只是卑职有件奏疏急待草成，还是回去吧。"太宗见他执意不肯，只好罢了。又问长孙顺德："听说爱卿偶感风寒，现在是否康复？"

长孙顺德道："谢陛下关照。这些日任上多事，不敢在京师逗留，因而未能入朝参拜，还望陛下免罪。"

平时，长孙顺德与太宗说话是比较随便的，可是今天却有些异样。他面色有些慌张，高高的嗓门也显得低沉了。长孙顺德说："此事发生在臣任职所在，虽然呈上一纸劾奏，责任却难逃脱。臣这就赶回任上，泽州境内再不会有这等事了。"

不日，张、赵二人交有司查办，泽州田渠之事即行解决。房玄龄又以此事傲效各州，并起草了旨在为水利和河运立法的文书（《水部式》），以皇帝诏书形式颁行天下，均田制也终得以推广。

面对连年灾荒的严峻形势，仅有立法并不能解决燃眉之急。房玄龄又派温彦博、魏徵、孙伏伽等大臣，分别去各州查勘灾情，进行慰问和赈济，并把受灾地区的详细情况报上来统一研究。户部采取了各地建"义仓"和"分房就食"相结合的办法。这些办法早在隋文帝时代就实行过，房玄龄原知其善。"义仓"就是地方粮库，各地从税粮中抽取一部，必要时拿出来赈灾，以补国有粮库"正仓"的不足。"分房就食"也叫"易地就食"，当年隋文帝就曾亲自带领关中饥民，到没受灾的州县去吃饭。房玄龄让户部组织蒲、虞等州的百姓都到邓州去，受到邓州官民热情照顾。此举不但在一定程度上解决了温饱问题，还增进了人与人之间的团结友爱。

贞观二年夏天，京师大旱，蝗虫顿起，田里稼禾全都被吃光了。太宗入苑视察禾苗，见蝗虫如此猖獗，便捉起几只来咒骂道："人以五谷为命，你却来与人争食，这是在害朕百姓啊！如果百姓有什么过错，都在朕一人身上，你等若有灵性，那就来啃噬朕的心罢，不要再害朕的子民了！"

房玄龄一旁听了，不禁泪如雨下，遂也捉了几只，塞进嘴里嚼了，直嚼得清汤绿水，惨不忍睹。太宗也想把蝗虫吞下，左右大臣遽谏曰："不可啊皇上，吃了恐要得病的！"太宗说："玄龄吞得，朕何吞不得？只希望移灾于朕躬，还怕什么得病不得病？"遂吞之。据说，从此蝗虫不复为灾。

自然灾害本身不是件好事，但它可以促进某些社会制度和政策更加合理化、科学化。房玄龄正是抓住这一机会，大力推进社会制度的改革。

继《水部式》之后，朝廷接连又颁布了几十道皇帝诏书，包括减轻征敛赋役的《租庸调法》《缓力役诏》等等。租庸调法是根据唐武德七年的《赋役令》稍加修改，其中规定：受田户每年每个丁男缴纳二石粟，这便是"租"。每个丁男每年服役二十天，不服徭役者也可以每天三尺绢折合代役，这便是"庸"。根据所处地域的不同情况，每年每丁缴纳二丈绢或绫、三两丝绵，没有绢绫的也可以用相应数量的布或麻顶替，这便是"调"。

其中还有一些比较灵活变通的款项，比如：凡加役十五天以上的，可以免其租；加役一个月的则全年租调全免。也可以庸代役、以绢代役。武德七年令中规定是征役一个月，现在减为二十天。所有这一切，都旨在轻徭薄赋、适应百姓的实际承受能力，为此则必须做大量的调查研究。

房玄龄还特别注意到，在执行《租庸调法》过程中，很可能出现一些官员侵吞贪污或聚敛邀功的行为。为此，皇帝诏书中规定："税纳逾数，皆系枉法。"征收的数额必须在县衙和村坊张榜公布，乡、县、州三级每年都要统计人口和土地，逐级上报到朝廷户部，以防弄虚作假。

贞观二年冬天，派到各州、县视察的官员回朝禀报，说百姓们大致都能达到"食无忧，居有所"的程度了，除了少数地区以外，大部分州、县都比较安定。太宗很高兴，于是表扬了诸臣的功绩。

太宗对房玄龄说："朕近来见到隋朝遗老，他们都称赞高颎是贤相，朕于是读他的传记，他可以称得上是公平正直的人，特别精通治理国家的策略。隋王朝的安危，决定于他的生死。只可惜隋炀帝无道，他无罪而被诛杀，朕怎能不怀念他这个人。于是放下书唏嘘叹息！另外，汉魏以来，诸葛亮做丞相也很公平正直。他经常上表请求把廖立、李严削职为民，放到蜀地南方去，可是廖立听说诸葛亮死了，竟哭泣说，'我们恐怕要亡国了！'李严听说诸葛亮死了，甚至哀伤得发病死去。所以陈寿称赞，'诸葛亮执政，推诚相见，开诚布公。竭尽忠心有益国家的，即使是他的仇人也必定奖赏；违犯法令怠慢职守的，即使是亲人也必定处罚。'你们难道不羡慕他，不希望仿效他吗？朕现在常常羡慕前代贤德的帝王，你们也可羡慕贤德的宰相。如果能够像这样，那么好的名声和高贵的地位就可以长久保持了。"

房玄龄回答说："我听说治理国家的关键，确实在于公平正直，所以《尚书》说，'不营私结党，王道浩浩荡荡；不结党营私，王道顺顺当当。'孔子也说过，'举用正直的人，废弃邪佞的人，那么百姓就会服从上面的管理。'现在，圣上心里所向往的，是要回溯政治教化的本源，推究大公无私的要领，以包罗天下，使百姓顺从教化。"

太宗说："这正是朕所想的，哪能跟众爱卿说了又不实行呢？"

可想而知，房玄龄以及他的阁僚们为了唐朝的发展是用尽了心思，工作相当的细致。这也是后世的官员应当学习的。

五、举贤任能

贞观三年（629），四夷来降，天下渐安，被胡夷掠到塞外去的大唐子民纷纷还回家园，加上归降之众，共有一百二十余万人。

其时，太宗已基本完成了朝廷最高领导层的人员调整，逐渐形成了由高士廉、房玄龄、长孙无忌、杜如晦等人组成的宰相集体，并让魏徵、李靖、温彦博、王珪、戴胄等大臣同知国政。前朝老臣如陈叔达、宇文士及、萧瑀等人被罢去相职，裴寂也被流放到南方。这样，贵族和士族力量相对削弱了，而关东寒族地主在朝廷中有了他们的代表人物，这对于执行向农民让步的政策，起了重要的保证作用。

一天，太宗邀大家一同侍宴，闲谈之间问王珪说："王爱卿识鉴精通，尤其善于谈论，自玄龄等，咸宜晶藻。又可自量孰与诸子贤？"

王珪说："在孜孜奉国、知无不为方面，臣不如房玄龄。每以谏净为心，唯恐圣上不及尧、舜者，臣不如魏徵。才兼文武，出将入相，臣不如李靖。敷奏详明，出纳惟允，臣不如温彦博。处理国家大事，众务必举，臣不如戴胄。至于激浊扬清，疾恶好善，臣跟他们比起来，亦有一日之长。"

太宗很高兴王珪这样评价众人和自己，便说："你们都是朕的左膀右臂，国家治理好了，也是做大臣的光荣啊。"

房玄龄说："在座的各位大人都是柱国之材，如果朝廷能有更多的人才效忠圣上，何愁江山不固？"

太宗说："要治理天下使之安宁，最根本的就是要有治国的人才。朕一直请你们推举贤才，你们应当理解朕的用意。"

如今百业待兴，国家正是用人之际，太宗的心思自是不难理解。房玄龄原本就很重视人才，多年来经他推荐提拔的文武官员足有百十之数。

贞观初，禁卫府有个名叫李大亮的青年军官，演武较擂时得了第一名，口才也十分出色。此人门第虽不很显贵，但品德优秀，知道关心百姓疾苦，为官十分清廉。他生活简朴，忠于职守，宿值时必定通宵不眠。

房玄龄了解到这些情况之后，便向太宗推荐，称他有王陵、周勃之气节，遂提升他为左卫大将军，兼领太子右卫军和工部尚书。李大亮一身三职，忠贞不贰，深得太宗信任。此后太宗每次出巡，多让他居守。

后经房玄龄再荐，李大亮出任凉州都督。一次，有位朝廷使臣到凉州，见当地有极好的猎鹰，就暗示李大亮进献给皇上。李大亮秘密地给太宗写了道奏章说："陛下已经很久没有畋猎了，而使者前来要猎鹰。如果是陛下的想法，就大大违背昔日的旨意；如果是使者自作主张，就是使者用非其人了。"

太宗将此事说与房玄龄，房玄龄盛言称赞了李大亮一番，并且以太宗的名义给他回了封信。信中说："因你兼有文才武略，胸怀刚毅，所以委任你为边陲重镇的守将。近来，你在凉州声威远扬，又能不曲意奉迎别有用心之人，足见你一片忠心。"

另一臣子薛收文才横溢，文章言辞敏捷。经房玄龄举荐，太宗召问经略，果然辩对有致，皆合旨要，便收入帐下，负责起草檄文捷报。后来薛收英年早逝，太宗还时常对房玄龄悲叹："薛收如果还活着，朕要拜他为中书令呢。"

　　张亮出身寒微，原只是个小地主的儿子，但房玄龄不计出身，认为此人在与隐太子李建成的斗争中经受住了严峻的考验，倜傥而有大节，有智谋，便推荐做了刑部尚书。

　　太宗还对房玄龄和杜如晦说："你们身为仆射，应当替朕多操些心，主要是广开耳目，求访贤哲。朕经常听人说，你们听受辞讼，每天竟有数百件之多，像这样阅读符牒犹自应顾不暇，怎能帮助朕求访贤士了？"于是敕令尚书省，细碎事务都交付左右丞去办，只有那些冤滞大事需要研究上奏的，才让他们二人过问。

　　为此，房玄龄开辟多种途径，广集贤良，精心挑选，大胆起用，破格授职。

　　景州有个录事参军，名叫张玄素，房玄龄在考课中发现此人颇有才干，便将他推荐给太宗。不日，太宗召见张玄素，问他："房公说你胸怀大志，官职卑微然不忘君国大事，朕想听听你对治理政务的见解。"张玄素说："隋朝的皇帝喜欢独揽政务，不信任大臣，大臣们都害怕，只知领命行事却不管正误都不敢违抗。以一人智慧去治理天下繁杂事务，即便是得失各占一半，谬误就不少了。臣下阿谀奉承，皇帝受到蒙蔽却沾沾自喜，国家不灭亡才怪呢！陛下若能慎用大臣，让他们分担朝廷事务，高居皇位考察他们的成败，然后加以处罚或奖赏，何必担心国家治理不好？还有，隋末之乱，依我看真正想争夺天下的也不过十几个人，多数人都是为了保全自己的父老乡亲和妻子儿女，盼望明主而归服。这就可以知道，百姓思乱的很少，只是做皇帝的不能使他们安定罢了。"

太宗大喜道:"卿要朕总揽朝纲,而不是事必躬亲,说得太好了!"于是把张玄素破格提拔为侍御史,并奖赏房玄龄举荐之功。

戴胄原也是个小官,后因房玄龄举荐做了大理寺少卿。大理寺相当于今天的最高检察院或法院,执掌折狱详刑;少卿是负责常务的二把手,必须是秉公执法、铁面无私的人才能胜任。房玄龄考核多日,最后才确定了戴胄。戴胄上任之后,果然不负所望,他执法必严,违法必究,而且不徇私、不唯上,深得世人敬佩。

这些人都是寒族阶层的代表人物,提拔这些人进入最高层,也是整个国家新形势的需要。

有一次吏部尚书长孙无忌被召进宫,不解佩刀直入东上阁门,出阁门以后才被监门校尉发觉。尚书右仆射封德彝提议:监门校尉未发现长孙无忌带刀上殿,该当死罪,而长孙无忌误带刀面君,应判徒刑二年,并罚铜二十斤。太宗同意了。但戴胄认为这种处罚不合法度,反驳说:"校尉未能察觉无忌带刀入内,其错误是一样的。陛下如果是记录其功勋,那我宪司管不着;但如果是依法治罪,仅罚他几块铜板,怕是法理难容的。"

太宗说:"法又不是朕一人之法,乃是天下之法,怎能因为无忌是皇亲国戚,就凌驾法律之上呢?"于是令有司重新定罪。未几,封德彝又一次呈上处理意见,却还是原先的方案,太宗便打算签署同意。戴胄又驳奏道:"校尉是因为无忌才致罪的,按法律当比无忌罪轻才是。如果论其过失性质,倒也不算什么了不起的事,我只是觉得两人处分差距如此之大,所以冒死固请。"太宗于是免了校尉之死。

当时,朝廷大开选举之门,在隋末科举的基础上更为制度化和规范化了，从而为选拔人才开辟了一条通途。士庶书生无不潜心就学，以便通过科举考试而鲤鱼跳龙门，实现入仕为官的愿望。但其中也有一些人，以伪造出身门第等手段来骗得入选资格。太宗得知此事，便令他们自首，不自首的则定为死罪。

不久正好有一个诈伪者事迹败露，戴胄据法断案以异议奏之。太宗说："朕刚刚颁下诏敕，不自首者死罪，如今你又说依法来断，这是让我示天下以不信哪！"

戴胄说："陛下如果立即杀了他，那不是臣所能阻拦的，既然交付所司处置，臣不敢违法行事。"

太宗说："你倒是守了法，却要让朕失信于天下吗？"

戴胄说："国家凭借法律而布大信于天下，某句话则不过是当时喜怒所发。陛下本是一时之愤要杀他，现在知道不可，便照法律办事，此乃忍小愤而存大信之举，臣希望陛下珍惜这个机会。"

俄顷，太宗说道："朕法有所失，卿能正之，朕复何忧也！"

天策府及文学馆随着太宗即位而撤销了，但房玄龄对太宗说："陛下凭武功平天下，但最终还是要靠文治德化来治理国家。"建议继承秦王府文学馆的传统。

太宗十分认同，便在弘文殿收藏经、史、子、集各类书籍二十多万卷，分列甲、乙、丙、丁四部，并在弘文殿旁边另设了弘文馆。除了原先文学馆的馆士之外，房玄龄又为太宗精选天下文儒，以本官兼署学士，每日供给五品官才能享受的珍膳。不久，太宗又下诏让勋贤三品以上官员的子孙，为弘文学生。

实际上，弘文馆的馆士们是个很实用的顾问班子，太宗在贞观初年治国问政中所表现出来的聪明智慧，有许多都是从弘文馆讨论中得来的。

随后，太宗又依从房玄龄的建议，下诏停止拜周公为先圣，开始在国学里辟立孔子庙堂，稽式旧典，以孔子为先圣，颜子为先师。

这一年，朝廷还广收天下儒士，赏赐绢帛，让他们集中到京师来，经过考试，录取名单张榜公布。学生精通一大经以上的，都可以署得官吏。弘文馆增建了四百余间学舍，国子、太学、四门、广文等学院里也增置了生员，书、算各科设置博士、学生两级，以备众艺。

太宗多次亲往国学，让祭酒、司业、博士上台演讲，讲完还各赐以束帛。四方儒生纷纷背着书本云集京城，一时数以千计。没过多久，西域吐蕃、高昌，东方的高句丽、新罗等诸夷酋长，也派遣子弟请求入学。于是，国学之内，"鼓箧升讲筵者，几至万人，儒学之兴，古昔未有也"。

太宗认为，现存的经史典籍因为时代久远，抄来刻去之中难免文字讹谬，便诏前中书侍郎颜师古，于秘书省考定五经。等到考定完毕，又诏尚书左仆射房玄龄，指派他聚集儒林学究们重加详议。

当时众学究也都是沿袭师傅之说，舛谬已久，与弘文馆馆士们的意见不一致，于是异说蜂起。房玄龄便让颜师古辄引晋隋以来的古本，随方晓答，援据详明，皆出其意表，众儒林莫不叹服。此后好长一段时间里，太宗多次赞许颜师古，并赐给他绢帛五百匹，加授通直散骑常侍，颁行颜师古所修订的书籍于天下，供学者研习。太宗又嫌文学多门，章句繁杂，诏令颜师古与国子祭酒孔颖达等诸儒，撰定五经疏义，凡一百八十卷，定名为《五经正义》，交付国学作课本。

可见当时从天子到群臣，崇尚知识已蔚然成风。

这年还有一件大事，那就是名僧玄奘（姓陈名袆，602—664年）启程赴印度求经。太宗与房玄龄诸臣送玄奘于城西金光门外，赐河西白马和木棉袈裟，十数卫士锦仗西行。

大兴教育之风、求学之风，成为贞观初年一道亮丽的风景。房玄龄等一批大臣深知知识和人才的重要性，他们高瞻远瞩，胸怀宽广，崇尚文治教化，为"贞观之治"打下坚实的基础。

太宗十分真诚地对房玄龄说："为人处世须有大学问才行啊。我从前因为群凶未定，成天东征西讨，躬亲戎事，无暇读书。后来四海安静了，却又身处殿堂之上，不能自执书卷，只好让别人读书给我听。君臣父子、政教之道，全都在书里。古人有言：'不学习，面如墙，每临大事必慌张。'不是白说的。我也想自己年轻时有许多错处，原因就是学识不足啊。"

唐代大兴学校，是从太宗开始的。这当然与房玄龄总理朝政不无关系。除了原先的国子学、太学、四门学和地方上的州学、县学、乡学扩大生员规模之外，还创办了一些新官学，从而使教育体制渐趋完备，学校类型齐全，学生来源广泛。在当时的学校中，既有官学也有私学，官学又分为中央和地方两种，既有综合性的又有专科性的。各级各类学校在教师生员配备、招生对象、入学年龄、修业年限、教学内容、考试办法和规章制度等方面，都有严密细致的规定。

国子学、太学和四门学是综合性学校，是政府培养各级官吏的地方。文武官三品以上和国公的子孙、二品以上的曾孙可以入国子学就读，文武官五品以上和郡县公的子孙、三品以上的曾孙可以入太学就读，文武官七品以上的子孙以及庶人为俊士者可以入四门学就读。

边疆少数民族上层统治者的子弟和外国酋长的子弟，也可以入上述诸类学校就读。在这些学校里，就有高句丽、百济、新罗、高昌、吐蕃等国酋长的子弟。贞观年间国学最兴盛时，生员多达八千余人，史书上称之为"国学之盛，近古未有"。

除了中央官办的这些高等学府之外，地方上州、县兴办的学校也很多。按人口比例确定教师和学生名额，不但以经学培养政治人才，还开办了医学科。

为弥补官学的不足，政府大力提倡民间兴办私学。国子监所属的各官学，在学生入学资格上都有严格的限制，庶族地主和普通百姓子弟，一般是不能入官学的，但他们有参加科举考试的资格，可以通过科举考试出仕做官。他们要读书学习，想通过科举步入仕途，要么入乡学，要么靠家庭教育。因此私学得以发展。

江南有个精通儒学并且擅长论辩的马嘉运，早年曾出家当和尚，还俗后做学问，又以学问为官。贞观初年，马嘉运辞去越王东阁祭酒之职退隐白鹿山谷，便开办了一所私学，聚徒授业，各地前来从师者竟达上千人，这便是素称中国四大书院之一的白鹿洞书院的肇始。

正因为注重教育，举国上下逐渐形成了浓厚的学习风气，才使得一大批人才脱颖而出，并为后来整个大唐王朝的文化发展开辟了先河。中国文学史上，唐代涌现出那么多大诗人、大文学家，贞观初年的兴学、兴教是一个重要的源头。

在选才用人上，房玄龄坚持任人唯贤，不避仇过，才行兼具，行重于才，扬长避短，明赏慎罚，用人不疑，严办告讦等原则。所以，在太宗周围，不仅有杜如晦、长孙无忌、高士廉等一批旧部臣僚，也有魏徵、王珪、韦挺等昔仇夙怨之辈；不仅有世袭权贵的高祖旧部萧瑀、封德彝等元老，也有出身寒门、资历不深的马周、戴胄、张玄素等新秀。由于坚持了"不求备以取人"的原则，做到"智者取其谋，愚者取其力，勇者取其威，怯者取其慎"，使各路人才各有所施。

也有人见房玄龄屡屡安排人事，私下里议论他培植亲信。这种议论历朝历代都有，散布流言蜚语则是无师自通。但是太宗对房玄龄非常信任，一次有房玄龄在场时，太宗故意对侍臣们说："朕如今孜孜求士，想要专心政道，闻听哪儿有杰出人才，则抽擢驱使。可是竟有人议论，说他们都是宰臣亲故！你们举贤荐能，都是出于公心，自不必在乎这些言论。古人尚且懂得'内举不避亲，外举不避仇'，只要是有用之才，即便是自己的子弟或有仇嫌的人，该举荐的一定要举荐。"

事后，太宗要给直言进谏的大臣们以奖赏，房玄龄说："要赏就赏张玄素罢，位卑却敢于批评尊贵者的行为，自古以来就不容易做到。如果不是张玄素正直，怎么能做到这一点呢？"于是太宗奖给张玄素二百匹绢。太宗还发表了一段演讲，他说："修建高大华丽的宫殿，到池苑高台游乐赏玩，是帝王喜欢做的事情，却是百姓深恶痛绝的。帝王喜欢是因为放纵娱乐，百姓痛恨是因为劳民伤财。孔子说，'有一言可以终身行之者，其恕乎？己所不欲，勿施于人。'朕身为帝王之尊，富有四海，什么事都可以按自己的意愿去做，但只要百姓不愿意，朕就应该顺应他们的意愿。"

从这番话里，可以感觉到太宗的明智。

第
四
章

实干宰相

一、直言敢谏

自贞观元年房玄龄迁为中书令，二年又进拜门下省侍中，越明年又代长孙无忌而拜为尚书省左仆射，这样他就把朝廷三省的"一把手"全都做过了，从此成为朝中首席宰相。因他辅佐君王有功，为人正派廉洁，诚实可信，成为朝廷决策机构里总领百司的核心人物。太宗封他为梁国公，封食邑一千三百户，还把自己的女儿高阳公主嫁给房玄龄的次子房遗爱为妻，同时韩王又娶了房玄龄的宝贝女儿为妃。这样一来，房玄龄便成了皇亲国戚，更是位极众臣之上了。

人都说房玄龄胆小，因为平常总见他笑容可掬，甚至在皇上面前唯唯诺诺，却不知这并不是他故意装出来的，而是谦虚谨慎的人格使然。实际上，每临大事他自有主见，但他不像魏徵那样直言相谏，也不同于封德彝的阿谀奉承，更不像尉迟敬德那一路武夫式地动辄光火，他谦恭谨慎，夙夜辛劳，尽心竭虑，同时处事得体，善于把握分寸。

刚正不是形式上的表演，身为"总理"，协助君王治理好国家才是根本，所以必须协调好大臣之间、君臣之间、衙署之间的各种关系。房玄龄是五十岁的人，既有丰富的政治经验，又有多年在基层的磨炼，加之他人品正派，所以由他做"总理"是再合适不过的。可见太宗用人很有眼光。一个锋芒毕露的总理肯定与阁僚搞不好团结，一个平庸无才的人又不足以服众，一个小肚鸡肠的人呢，不用别人纠缠他，自己怕是一天也干不下去。故而有"宰相肚里能撑船"之说。

房玄龄
——贞观第一谋臣名相

　　房玄龄之廉，既廉在他为人处世严谨无私，也廉在他身居高位有为有功。一个州官很容易获得清名，三两件政绩，两袖清风，家徒四壁，再有那么一两次抗旨不遵（当然是昏君之旨），就可以名垂青史了。当朝宰相则有所不同，一方面要匡正天子的某些言行，一方面要把握住大政方针，同时还要调动起满朝文武的工作积极性，以使国家富强、人民幸福、长治久安。这就是高层次的廉了。房玄龄就是这样的一个人，他善于协调而又不失原则，功丰绩伟却能推功于主，大权在握却从不谋取私利。人说他"不欲一物失所，闻人有善，若己有之"，可见他的高风亮节。

　　有一件小事很能体现房玄龄的风格。太宗平时威容庄肃，百官进宫看见他一脸严肃，经常吓得手足无措。房玄龄便对太宗说："臣小时候在靖池里居住时，常听隋朝大臣宇文恺讲故事。一日宇文先生说，虎因为凶猛而被人畏惧，猫因为柔善而被人豢养；但用紫檀木雕成的老虎也被人家放在堂上，为什么？木头雕成的老虎在向人微笑。人们总是愿意看见笑脸，正所谓'巧笑倩兮，美目盼兮'，和善的人容易获得友爱。"

　　听了这一席话之后，太宗每见人奏事，即便心情不快也要做出和颜悦色的样子，希望以此听到谏诤，了解政教得失。一日，他对众公卿说："玄龄让我懂得了一个道理，人若想知道自己是什么样子，必须有明镜；君王要想知道自己的过失，必须借助于忠臣。君王要想自贤，就必须有大臣们来匡正。其实际上道理很简单，君王如果失去了他的国，臣子们也不能独全其家，君臣的出发点是一致的。你看过去，隋炀帝暴虐，臣下钳口不言，致使他不闻其过，最终导致隋朝灭亡，国家一灭，虞世基等大臣也被诛死了。前事不远，自应借鉴。以后每当你们看到有什么不好的事，一定要极言规谏。”

房玄龄就是这样，用很委婉的方式来说服人，而不是生硬的批评或简单的说教。其对皇上如此，对同僚也是如此。

五十岁的房玄龄是一张瘦长脸，细高身材，眉如横剑，目似秋潭，双鬓须髯花白。他和善稳重，衣着简朴，说话慢声细语，从不随便说话。他的牙不好，所以经常嘴里喷喷作声，这反而使他更显得平易近人。人就是这样，你太完美了，就难免孤立，有点小毛病的人常常显得合群。房玄龄是汗脚，夏天常常散发出臭味，连夫人卢绛儿都嘲笑他。但这并不影响他作为当朝宰相的声望，相反倒让别人更觉得他随和。

别看太宗嘴头上经常挂着俭约，反对奢侈腐化之类，随着东突厥被平定，边境地区的紧张局势有所缓和，经济形势也大为好转，他也在一片颂扬声中渐生骄奢之心。

从贞观元年起，太宗就想建一座自己的宫殿，砖瓦木料都备齐了，但因为众臣谏阻，这才半途停下。贞观三年（629）夏四月，太上皇李渊觉得自己退位以来还一直住在国家正式的朝政宫殿里不大合适，便主动提出迁到武德五年修建的弘义宫中居住，从此，太宗搬进太极宫，另建皇宫一事才算休止。但太宗此愿未了。

夏秋之交，又有人对太宗说：“按照《礼》的要求，季夏之月可以居高台楼阁。现在夏天的暑热还没消退，秋天霖雨季节刚开始，陛下住的屋子又低又潮，何不建一座阁楼住？”

魏徵与房玄龄等人又谏阻，说眼下民不聊生，皇宫里大兴土木，恐有损皇上威信。太宗这才说：“我有气疾，本不适合住在又低又潮的屋子里，但既然你们这样说，想必造楼阁一定浪费很多，那就罢了。"又说，"过去汉文帝将建露台，想到花费的钱财相当于十户人家的家产，就停工了。我的功德不如汉文帝，可是浪费的钱物却超过了他，这哪是为民父母应该做的呢！"

正月里，前来京师朝集的各州长官们即将散回各地的时候，赵王李孝恭领衔上表一道奏章，说如今四境胡狄均已降服，国家出现了东汉以来未有过的大一统局面，足可以告慰天地祖先了，所以请求朝廷往泰山封禅。

封禅是封建社会的一项大典，"封"便是在泰山极顶设坛祭天，"禅"是在泰山附近的小山上祭地，以这种形式"告成功于天地"，实际上是为天子歌功颂德。

房玄龄接到奏章，就替太宗拟好了持否定意见的诏书，然后把奏章和诏书草稿一起呈给太宗。太宗看过之后说："封禅典仪浩繁，耗资巨大，况且民众生计尚未小康，我怎能冒昧地效法前代国君去封禅呢？你的意见与我完全一致，看来你很了解我的心愿。"

话是这么说，可总归有个情结憋在心里，早晚要露头。贞观四年（630），太宗将巡狩东都，下诏调发士卒修葺洛阳乾元殿。经房玄龄推荐入朝做了给事中的张玄素上疏力谏此举不当，言辞十分激烈，说皇上奢欲比隋炀帝还要严重。太宗很恼火，厉声问张玄素道："你说我不如隋炀帝，那么我就是商纣王了！"

张玄素说："乾元殿是隋炀帝的旧宫，如今陛下一定要修它，那就跟商纣王一样，会导致国家动乱！"

太宗回头又问房玄龄："我是有正经事要去东都，总不能住在染着隋炀帝臭气的地方吧？你看如何是好？"

房玄龄知道太宗此举并非只为了去住几日，年初太宗把高阳公主嫁给房家时，就曾许诺把洛阳宫作为陪嫁，实际上他是想把洛阳宫修好之后，送与高阳公主和房遗爱住的。说心里话，房玄龄不赞成这种做法，皇上是金口玉牙，当着众臣的面，房玄龄怎好让太宗收回成命？便暗中去找长孙皇后，请她说服太宗放弃这个打算。

长孙皇后多方劝谏，太宗始终认为这是区区小事，拒不收回成命。皇后便回头来请谨小慎微的亲家公，说："皇上还是肯听你的话，此事又关乎你房家。"

房玄龄说："有关此类事情，皇上几次都被阻止，再去劝阻，他肯定会发火的。如果是在从前，我还敢仗义执言，如今是亲家了，他会说我仗着国戚身份欺君呢！"

长孙皇后便让人拿出一瓶药酒，让房玄龄壮壮胆，逼其进谏。房玄龄喝了皇后赐的药酒，果然酒壮英雄胆，直入太宗寝宫，犯颜直谏。太宗大怒道："你一向洁身自好，如今居然满口酒气前来面君，莫非以为你是我的亲家，我就不好治你的罪了吗？"于是将其软禁于宫院，派一队侍卫严加看管。

恍惚之中，房玄龄自己也觉得有些失礼，但事已至此，后悔也来不及了，只好以绝食挟之。他将送来的水罐打碎，把食物扔得到处都是，还指名道姓让太宗亲自过来说话。侍卫们素知房仆射的为人，竟被他此举弄得十分诧异，向太宗禀报说："房仆射一味说疯话，还呕吐不止，想必有危险了！"

为了保全亲家公的性命，长孙皇后将计就计，一面让房玄龄装死，一面到处散布说：太宗御赐毒酒，硬逼着房玄龄进食，房玄龄这才痛饮醉卧，现已死了。

消息传到三省，尉迟敬德等人无不号啕大哭，遂闯入宫中痛斥太宗："房玄龄出生入死跟随皇上，你如何忍心让他屈死？况且他又不是贪赃枉法，不过是为了维护陛下的声望，陛下这样狠心，以后诸臣谁还能为你效忠了？"

高阳公主也来向父皇索要公爹，房夫人更是不依不饶。那卢绛儿原本就是个天不怕地不怕的主儿，竟指着太宗讨还丈夫。太宗也为误伤股肱悔恨万分，不禁痛哭自责。

恰在此时，房玄龄酒醒了。但他以为自己已经死了，此时是在阴阳两界奈何桥上与太宗说话，于是也便忘乎所以，尽吐肺腑之言。他涕泣道："张玄素之言何过之有？若依老臣看来，陛下连隋炀、商纣也不及哩！商纣还知道廉耻，陛下却口头上冠冕堂皇，欺民枉下！"于是痛哭流涕，"只可惜我房某人十余年精忠保主，到头来竟是这等下场！"

太宗从未见过房玄龄这等情状，若非气极，何以至此？这才幡然醒悟。长孙皇后又适时说明事情真相，太宗只好收回圣命，好言安慰房玄龄，并赐给御酒一坛，以示广开言路，言者无罪。

此一节有点像闹剧，有可能是后人添油加醋制造的笑话。但有一点是真实的，那就是太宗最终还是在众臣特别是房玄龄的极力劝阻下，暂缓了修葺洛阳宫的计划。正史记载是房玄龄本人修的，这种事情显然不可能写进去，但从房玄龄其人足智多谋上来分析，这事很有可能。

二、整肃吏治

从贞观三年（629）起，房玄龄进入了他一生中最繁忙、最重要，也是最辉煌的时期。

房玄龄作为宰相总理国政，日夜操劳，尽心竭力，不容许有一点事情处理不当。他为人毫无妒嫉之心，听说哪个人的优点，就像是自己的优点一样高兴。他会使用各种方法手段处理政务，而他的这些做法又都显得温文尔雅。

他审议决定法令，务求宽缓公平。他从来不用自己的长处去要求别人，选取人才不求全责备，即使是地位卑微的人，也都能根据其能力加以任用。如果因为什么事受到皇帝的责备，必定叩头请罪，惊恐不安，看起来像无地自容的样子。

这一年春天，太宗改封房玄龄为魏国公，并拜为太子少师，掌教诲养训诫太子，赐绢五千匹。但房玄龄觉得自己身上的职务和荣誉够多的了，坚持把太子少师推让掉，最后仅以尚书左仆射的身份代理太子詹事，并兼礼部尚书。

这一年夏天，房玄龄受命监修国史，即七年后修成的"五史"；同时修订唐律，即十年后修成的《贞观律》。

这一年秋天，太宗又授命房玄龄对朝廷机构进行精简。

真是日理万机！

当时正处于新旧交替时期，旧体制日渐束缚生产力的发展，而新的机制才刚刚萌芽。在这种特殊局面下，吏治混乱确是主要矛盾。于是太宗说：

"要把国家治理好，最根本的就在于用人谨慎。根据才能大小授予官职，一定会减少官员人数。《尚书》中说，'只能任命贤才做官。'又说，'官员不必多，只在于任用合适的人选。'如果任用了有才能的人，虽然人数少也能满足需要，如果都是些无能之辈，纵然人数多又有什么用？古人也曾把任官不得其人，比作在地上画饼，认为同样不中用。《诗经》中说，'谋士虽然很多，事情却因此没有结果。'孔子也说，'一人一职，花费就多。没有人兼职，怎么能说是节俭呢？'而且古人说得好，'上千张羊皮，也不抵一只狐狸腋下。'这些话都记载于经典著作里，不能一一列举，应当而且必须进一步合并和减省官职和名额，使每一位官员都各当其任，那么朝廷可以无为而治了。你应该认真思考这一道理，根据需要定出官员的编制。"

修史和治律并非一日之工，分派下去让别人先干着就是了，而机构改革、定编裁员则是当务之急。机构改革是件大事，太宗把这样重要的使命委任于他，一来是因为他身为首席宰相，二来也是看他力能胜任。于是，房玄龄根据太宗的旨意，开始着手裁减朝廷冗员。

入仕之初，房玄龄就曾担任过隋宫里的校书郎，投奔秦王以后又在府中做过十年记室，对于案牍文书之类事情，他可谓行家里手。他明达吏事，又饰以文学，本来是生硬枯燥的事情，在他那里却显得有声有色。他不以求全取人，也不以己长格物，无隔疏贱，一视同仁。但仅有这些还不够，就像会写字的人未必就是作家一样，他必须以策划政治体制为基础，对整个国家机器的运作方式有一个通盘的把握。把握不准就将导致滞塞失灵，决策失误就会偏离正轨，那可是关乎社稷存亡啊！

要维持国家机器的正常运转，从中央到地方都必须拥有大量的官员。但官员过多过滥，则不仅无益于事，反而互相掣肘，影响行政效率。每一个官员都享受一定的俸禄，其衣食所寄皆取自于民，官员人数越多，人民的负担就越重。

所以太宗明确指出："官在得人，不在员多。"

当时吏治方面积弊甚多。一方面经过十多年的战乱，人民大量死亡和逃散,人口锐减,另一方面却由于种种原因,官员人数却大大膨胀。高祖李渊进军关中,为了争取更多的人的支持,曾大量封官,一边询问前来归附者的功业行能,一边手写委任对方的官职,一天之内居然封官一千多人。隋朝末年,各地"英豪并起,拥众据地,自相雄长",李渊占领长安前后,他们相率归附唐朝,为了使每一个人都有官做,高祖还采取了"割置州县,以宠禄之"的办法,用增加州县来扩大官员数额,以满足归附者求官的愿望。因此唐初州县之数,比隋代成倍增加。

在长期的战乱中,一些士大夫亲眼看到隋朝官吏大量被起义军屠杀,因而心怀余悸不愿做官,这就使得很多人做官却无任职的能力,而有能力的又不愿意出来做官。官员人数不少,而能充职胜任的却不多。为了调动人们做官的积极性,当时高祖让吏部把选官文书下到各州府,请各州府派人到京城接受选任,同时派官员持补官文牒到各州府巡察,发现好苗子就发给他红色文牒。对于路途远的,吏部供其衣食。这些人到了京城,就根据情况授以不同的官职。为了尽快把统治机构建立起来,高祖简直是饥不择食,必然造成官员的多滥。

面对历史形成的如此庞大的官僚队伍,要想解决人浮于事、机构臃肿、民少吏多的现状,就必须大刀阔斧地进行改革。

首先是朝廷。调整后的机构设置是这样的:皇帝以下地位最高的是"三师"和"三公"。"三师"即太师、太傅、太保;"三公"即太尉、司徒、司空。这都是正一品的职位,但属于名誉性质的,没有具体职责,因而不设府僚。因太宗此人不愿意有任何特权凌驾于自己头上,房玄龄便与太宗说,眼下朝中还没有人有足够的资格进身三师三公之位,可以暂且保留隋朝的这一官职,虚位以待之。太宗认为这样做很好。

朝廷的核心部分是三省六部，即尚书省、门下省、中书省。尚书省下设吏、户、礼、兵、刑、工六部。

尚书省是执政机关，长官为尚书令，总领百官，仪刑端揆。因为太宗在唐初做过尚书令，别人不好再坐这把交椅，所以副职左、右仆射即为首长，从二品。两位仆射相当于常务副总理，要经常与宰相班子里的其他成员一起议政决策，所以分管六部的是其下属左右丞。左丞分管吏、户、礼三个部，右丞分管兵、刑、工三个部，又有郎中、员外郎、都事、主事等直属官员。各部长官为尚书，正三品；其副职为侍郎，正四品。每个部又下设四司，六部凡二十四司，各有郎中、员外郎、主事、令史、掌固之属。六部之中也分为三行，吏部和兵部是前行，户部和刑部是中行，礼部和工部是后行。各部官员的迁转也是按照这个次序递升的。

门下省掌出纳帝命，总典吏职，赞相礼仪，佐天子而统大政。凡是军国大事，均与中书省协商处理。门下省的长官全称叫门下侍中，一般就称侍中，正二品。设门下侍郎二人，为侍中的副职，正三品。另设左散骑侍郎，正三品，为侍从顾问，掌规讽得失。

中书省执掌军国政令，佐天子而执大政。长官为中书令，正二品；下设中书侍郎二人，为中书令的副职，正三品，可参议朝廷大政。另设右散骑常侍，正三品。又有中书舍人六人，掌侍奉进奏和参议表章，根据皇帝的旨意和有关规章制度，替皇帝起草诏书玺册。省内下属还有谏议大夫、直学士、侍读学士、修撰官、校书正字、史馆修撰等员。

这三省之间的关系是这样的：尚书省的一切政令由仆射和六部尚书"会而决之"。三省形成制命、出命、行政三权分立、互相制约的格局，而又通过宰相会议决策使三省职责联结贯通，共同向皇帝负责。

与三省并存的机构是一台、九寺、五监。"一台"即御史台，这是在隋朝三台基础上精简合并而成的，其地位与三省不相上下。长官为御史大夫，正三品，执掌刑法典章，纠正百官罪错。副职是御史中丞，正四品。

九寺即太常寺、光禄寺、卫尉寺、宗正寺、太仆寺、大理寺、鸿胪寺、司农寺、太府寺。九寺虽然也很重要，但毕竟不属于国家要害部门，因而其地位比三省一台略低一些。

太常寺以太常卿为首，正三品；太常少卿为职副，从四品。其职责主要是执掌礼乐、郊庙和社稷之事，领长安和洛阳两京郊社、太乐、鼓吹、太医、太仆、廪牺、汾祠七署。下属有丞、主簿、博士、奉礼郎、协律郎、录事等员；各署有令、丞。

光禄寺以光禄卿为首，从三品；光禄少卿为副职，从四品。其职责主要是经管国家酒醴和膳羞，领大官、珍羞、良酝、掌醢四署。下属有丞、主簿、录事等员；各署有令、丞。

卫尉寺以卫尉卿为首，从三品；卫尉少卿为副职，从四品。其职责主要是经管国家器械和文物，领两京武库、武器、守宫三署。下属有丞、主簿、录事等员；各署有令、丞。·

宗正寺以宗正卿为首，从三品；宗正少卿为副职，从四品。专管皇族亲属的一应事务，归口管理的还有国内各陵台，各太子庙，各太子陵。下属有丞、主簿、录事、知图谱官、修玉牒官、知宗子表疏官等；各台、庙、陵还有庙令寺丞等。

太仆寺以太仆卿为首，从三品；太仆少卿为副职，从四品。掌管朝廷马厩、牧猎、辇舆之政，领乘黄、典厩、典牧、车府四署。下属有丞、主簿、录事等员，各署有令、丞。各署以下还有牧监、上牧监、中牧监、下牧监以及副监、监丞、主簿；东宫九牧监、丞、录事也归其隶属。

大理寺以大理卿为首，从三品；大理少卿为副职，从四品。专司折狱详刑，下属有正、丞、主簿、录事、狱丞、司直、评事等司法官员。

鸿胪寺以鸿胪卿为首，从三品；鸿胪少卿为副职，从四品。掌管朝廷来往宾客及丧葬礼仪，领典客、司仪二署，有丞、主簿、录事以及典客令、丞等员。

司农寺以司农卿为首，从三品；司农少卿为副职，从四品。经管仓库储积，下属官员数额是九寺中最多的，有丞、主簿、录事，领上林、太仓、钩盾、导官四署。有丞、主簿、录事等职，各署亦有令、丞、监事、主簿等。

太府寺以太府卿为首，从三品；太府少卿为副职，从四品。其职责主要是经管国家财货、廪藏和贸易，领西京各大市场、左藏、右藏、常平四署。大官、珍羞、良酝、掌醢四署。下属有丞、主簿、录事；各署亦有令、丞、监事。

五监是国子监、少府监、将作监、军械监、都水监，地位跟九寺相等。

国子监长官名为国子祭酒，从三品；副职为司业，从四品，负责儒学训导，大致相当于后世的教育部。下属有丞、主簿、录事、博士、五经、太学、各文馆负责人以及律学、书学、算学等各学科的博士助教。

少府监长官就叫少府监，从三品；副职为少监，从四品，掌管百工技巧，大致相当于后世的科技部。下设中尚、左尚、右尚、织染、掌冶五署。属官有丞、主簿、录事，各署又有令、丞、监作，并辖各冶监令、丞、监牧、监作、铸钱监、互市等基层官员。

将作监长官为将作监，从三品；副职为少监，从四品，掌管土木工匠，近似于后世的建设部。下设左校、右校、中校、甄官等署。属官有丞、主簿、录事，各署又有令、丞、监作，并辖百工、就谷、库谷、斜谷、太阴、伊阳监、副监、丞、监作等官员。

军械监长官为军械监，正四品；不设副职，掌管盔甲弓箭维修，随时出库入库。内设弩坊、甲坊二署，属官有丞、主簿、录事；各署又有令、丞、监作。

都水监长官名为使者，正五品；无副职，掌管江河湖泊、津池渠堰，即后世的水利部。下设舟楫、河渠、津口等署，属官有丞、主簿，各署又有令、丞以及河堤谒者。

武职部分有南衙十六卫和北衙十军。南衙十六卫是左右卫、左右骁卫、左右武卫、左右威卫、左右领军卫、左右金吾卫、左右监门卫、左右牵牛卫。各卫设上将军一人，大将军一人，将军二人，执掌宫禁宿卫。府属有长史、参军等。北衙共有十军，乃是左右羽林军、左右龙武军、左右神武军、左右神策军、左右神威军。各设统军、大将军和将军。南衙多为仪仗之用，北衙则是禁军的实力。

太子东宫则是相对独立的一套系统，其建制与中央政府差不多，内属齐全，只是人员略比中央政府少一些。这是由皇权封建社会的祖制所定，历朝历代无不如此。

太子以下有六傅，即太师、太傅、太保，少师、少傅、少保，亦称东宫三师三少，三师为从一品，三少为正二品。他们的职责是辅导太子。

另有太子宾客一人，负责侍从规谏和赞相礼仪。

东宫有三府，即詹事府、左春坊、右春坊。

詹事府总管东宫事务，相当于朝中尚书省，设詹事和少詹事各一人，分别为正三品和正四品，掌统三寺十率府之政。三寺即家令寺、率更寺、仆寺，相当于朝中卿士。十率府即左右卫率府、左右司御率府、左右清道率府、左右监门率府、左右内率府，相当于朝中十六卫。

左春坊相当于朝中门下省，设左庶子和中允各一人，分别为正四品和正五品，主管侍从规谏和驳正启奏。内属有司议郎、左谕德、左赞善大夫、洗马、学士、文学、校书、典膳、药藏、内直、典设、宫门等局郎丞。

右春坊相当于朝中的中书省，设右庶子和中舍人保一人，分别为正四品和正五品，执掌侍从献纳启奏。内属有舍人、通事舍人、右谕德、右赞善大夫以及宫、仓、厩官员。

除此之外，还有三个小省，即秘书省、内侍省、殿中省。它们主要是负责经籍图书、出入宫掖、奉宣制令、乘辇官服等，类似后来国务院办公厅的三个局。

一比较就知道，以上这种机构设置虽然在整体框架上继承了隋制，但有了很大变化。其中最主要的变化是政务中枢，即宰相制度。根据太宗"君臣共治"的主体思想，新政体形成了一个皇帝领导下的宰相集体，而不是某个人，即由中书省中书令、门下省侍中、尚书省左右仆射以及御史大夫等参加的处理政务的首脑机构。这是根据魏晋以来相沿的习惯整理之后加以巩固的，却与秦汉的丞相远远不同。这些人以宰相身份在尚书省政事堂议政。后来又有所增加：凡是参加政事堂会议而带"同中书门下三品""同中书门下平章事"等职衔者，都是宰相。时任御史大夫是杜淹，亦即杜如晦的叔叔。在唐代，以他官参与朝政，自此始成惯例。不久魏徵也以秘书监的身份参与朝政，太宗对魏徵特别赏识，太宗希望在最高决策层里能有敢于坚持不同政见的人。

宰相对皇帝负责，总揽政务，是最高决策班子和统治中枢，职任繁重。原则上是中书省决策，门下省审议，尚书省执行，而实际上三省长官只是一种名分，本身直接指挥的权力很有限。宰相们除了办公文的低品级职官以外，没有僚属，所以也没有独立的机构，虽然与皇帝十分接近，但遇事只能以皇帝的名义发令，这就有效地避免个人专权和权力的过于集中。

这里顺便介绍一下：自太宗执朝以来，直至贞观二十三年五月去世，君临天下二十三年，总共任用过二十八位宰相。其中有高祖旧相六人，即裴寂、萧瑀、陈叔达、封德彝、杨恭仁、宇文士及。其他二十二人是：高士廉、房玄龄、长孙无忌、杜淹、杜如晦、李靖、王珪、魏徵、温彦博、戴胄、侯君集、杨师道、刘洎、岑文本、李世勣、张亮、马周、褚遂良、许敬宗、高季辅、张行成、崔仁师。在后二十二人里面，山东人占了十一位，关中六位，南朝系统的五位。家世地位最高的是高士廉，其次是房玄龄，其余多为寒门。这里有太宗存立新门阀的用意。

至于三省的组织，依然是正规机构。三省的官员如中书省的中书舍人，门下省的散骑常侍、谏议大夫，尚书省的员外郎以上各官，都是所谓清望官，通常都由进士出身的有名望的人担任。

在当时，构建这种"一言堂"底下的"群言堂"，或者说是以天子为绝对权威的集体领导制，已属难能可贵。在确立这种新的宰相制度的过程中，也体现了房玄龄的创造性、灵活性和杰出的政治才能。

三省之中，尚书省才是行政的总汇。新体制下的尚书省组织比隋朝更加齐整严密，由隋的六曹固定为六部，每个部在尚书侍郎以下置四司，各置郎中、员外郎为部员骨干。这种机构形式一直沿用到清代，基本上没有改变。左、右仆射是代表尚书令而作为尚书省长官的，位高而不任省内事务，实际负责人是左、右丞。

用了两个多月的时间，房玄龄根据新体制，把朝廷文武官员减少到六百四十三人。跟隋代朝廷官员二千五百八十一人相比，一下子减少了四分之三。这在唐初的政治改革过程中，实在是一个很大的动作，其魄力之大，在整个中国历史上怕也十分罕见。

太宗对房玄龄的工作给予了充分肯定，并让他以此为契机，结合定岗定编，彻底整肃吏治，把整个官制来一个脱胎换骨，以适应新形势的要求。

一道政令的形成，首先在中书省。中书省负责诏书起草和参议章表工作的主要是中书舍人。中书舍人六名，分别联系尚书省的六部；他们按尚书省六部的工作性质，分工起草诏书和参议表章。朝廷各部门的表章都通过六部上奏，当这些表章送达中书省时，每位中书舍人再分别对军国大事提出处理意见，另外五名则"各执所见"，讨论后"杂署其名"，即每个人都要签署自己的意见和名字。

房玄龄把这种制度称为"五花判事"。

中央机构调整完毕，接着是地方州府合并。这项工作花了近两年时间。据统计，合并后全国州府共三百五十八个，比并省前少了三分之一。县共有一千五百五十一个，比并省前减少了二分之一。

为了便于中央对地方的控制，根据山川地理形势，房玄龄还颇有创造性地把全国分为十道，即关内道、河南道、河东道、河北道、山南道、陇右道、淮南道、江南道、剑南道、岭南道。这十个道不是行政区划，而是监察大区，有点类似于现代的"东北局""华中局"之类。

贞观四年（630）八月，房玄龄主持制定了品官服色，虽然是一项触及许多人切身利益的深刻改革，但由于大得人心，加之房玄龄及其僚属们工作周密稳妥，最终顺利完成，没引起任何动荡不安。

大规模裁减之后，太宗告诫房玄龄等人，一定要杜绝用人过滥的现象。他说："从此以后，如果有乐工杂类各色人等，假如他们的技艺超过他们的同行，只能专门赏赐钱帛，表彰他们，未必非得授其官职爵位不可，让他们和朝廷贤臣君子比肩而坐，会使官员们感到羞耻。"

为了防止官员再度冗滥，朝廷在《官职令》中对政府机构、人员编制和官吏员额都做了明确规定，使之有章可循。对于违令超编任命官职的行为以违法论罪，在房玄龄负责修订的《唐律》中，还专门有一项处罚条例。具体内容是："各种官职都有一定的员额，如果署置官吏的人数超过规定的界限，不应该署置而未经申奏朝廷署置了的，署置一人就打一百大棍，署置三人罪加一等，署置十人则判二年徒刑。后来接任的官员，明知前任官员有违令之举却不加纠举和告发者，比其前任减罪一等处罚。求官的人被编外署任，算是从罪。被征召做官的人，虽然是编外授官，不以犯罪论处。"

贞观六年（632），太宗又下诏设置三师，即太师、太傅、太保。太宗说："我最近研究经史，历代明王圣帝何尝没有师傅？现在我朝却没有三师的位置，我认为这是不合适的。为什么呢？黄帝学大颠，颛顼学录图，尧学尹寿，舜学务成昭，禹学西王国，汤学威子伯，文王学子期，武王学虢叔。前代这些圣王如果没有这些师傅，其功业就不会著称于世，名声也不会在史册里流传下来。何况我承百王之后，智慧不及圣人，如果没有师傅的教诲，怎么能统治百姓呢？"由此，朝中始设三师之位。

完成了机构调整和官吏队伍压缩，还只是整肃吏治的一半。为了督促各级官吏尽职尽责，房玄龄又经过一段时间的调查研究，制定出一套相当完善的考课制度。

所谓考课，就是按照一定的标准考察官吏的德行和政绩，对他们的功过善恶评定等级，并按照考察的结果进行升降赏罚。新制规定：官员一届任期为四年，每年有一小考，每四年有一大考。小考要评定出被考官吏的等级，大考则综合四年中的几次等第来决定其升降、奖惩和任免。尚书省的吏部设考功郎中和考功员外郎各一人，他们的职责就是"掌文武百官功过，善恶之考法及其行为表现"。

具体的考课方法是：每个部门的行政长官，每年都要比较他的部下每一位官吏的功劳和过失，把他们的政绩分成九等，当众宣读。凡是流内之官，即有品位的官员，都从四个方面提出要求，称为"四善"：一是德义有闻，二是清慎明著，三是公平可称，四是恪勤匪懈。这是对各级各部门官吏总的要求，除此之外，对各个部门的官又根据其工作性质分别提出具体要求，称为"二十七最"：

一是献可替否，拾遗补阙，为近侍之最。

二是铨衡人物，擢尽才良，为选司之最。

三是扬清激浊，褒贬必当，为考校之最。

四是礼制仪式，动合经典，为礼官之最。

五是音律克谐，不失节奏，为乐官之最。

六是决断不滞，与夺合理，为判事之最。

七是部统有方，警守无失，为宿卫之最。

八是兵士调习，戎装充备，为督领之最。

九是推鞫得情，处断平允，为法官之最。

十是雠校精审，明于刊定，为校正之最。

十一是承旨敷奏，吐纳明敏，为宣纳之最。

十二是训导有方，生徒充业，为学官之最。

十三是赏罚严明，攻打必胜，为军府之最。

十四是礼义兴行，肃清所部，为政教之最。

十五是详录典正，词理兼举，为文史之最。

十六是访查精审，弹举必当，为纠正之最。

十七是明于勘覆，稽失无隐，为勾检之最。

十八是职事修理，供承强济，为监掌之最。

十九是功课皆允，丁匠无怨，为役使之最。

二十是耕耨以时，收获成课，为屯官之最。

二十一是谨于盖藏，明于出纳，为仓库之最。

二十二是推步盈虚，究理精密，为历官之最。

二十三是占候医卜，效验多者，为方术之最。

二十四是检察有方，行旅无壅，为关津之最。

二十五是市廛无忧，奸滥不行，为市司之最。

二十六是牧养肥硕，蕃息孳多，为牧官之最。

二十七是边境清肃，城隍修理，为镇防之最。

这"四善"和"二十七最"是每个流内官的努力方向和奋斗目标，也是朝廷考核每个官员政绩的标准。每年的考课就是依据这些标准，对官员们的德行政绩分出九个等级。

划分等级的具体办法是：一最四善为上上，一最三善上中，一最二善为上下；无最而有二善为中上，无最而有一善为中中，职事粗理，无善无最，为中下；

爱憎任情，处断乖理，为下上，背公向私，职务废阙，为下中，居官谄诈，贪浊有状，为下下。

对于有些不便于用上述标准衡量等级的官职，则考虑其具体情况加以区分。例如在国学任教的博士、助教，就统计他们全年讲授的课时多少，以此分出高低。京城皇宫卫士则根据行能功过，只分为上、中、下三等。对于流外官，即不入九品的官吏，以行能功过分为四等。清谨勤公为上，执事营私为中，不勤其职为下，贪浊有状为下下。

官员考课的操作过程，也是经过房玄龄潜心研究了的，目的是尽量做到公正无误。

每年各地、各部门都要把考评的结果上报给尚书省备案，吏部的考功郎中判宣京官的考课，考功员外郎判定外官的考课，考定上奏。三品以上的大臣，要把他们的功过状上奏皇帝，由皇帝亲自裁决。每年还要选两名位高权重的大臣任考使，对京官、外官的考课进行核校。

新制还规定，中书省的中书舍人和门下省的给事中各一人参与此事，对考课工作进行监察。如果发现有不公正的情况，可以进行驳正，被称为"监中外官考使"。有关官员们的考课，朝廷下发的诏敕如有不够妥当的，允许有关官员执奏，能够纠正违失之处，则提高他本人的考课成绩。

新制实施以后，房玄龄就以宰相身份连任了几年考使。每年的考课一般都在年底完成，考定后张榜公布，发给考牒作为凭证。

考课的结果是官员任免升降和赏罚的依据。具体做法是：考课成绩在中上以上的，每进一等就奖赏一季的俸禄；考课成绩为中中的，无赏无罚，俸禄不变；中下以下，每降一等就扣发一季俸禄。一中上考，官品进一阶；一上下考，官品进两阶；如果有上考应该晋升，可是又有下考应该贬降，则互相抵消。有下下考的，削除官职。

同居宰相之位的萧瑀虽为开国元勋，但几年来政声一直不好。他不能为国家擢选贤才，却任人唯亲，把诸如孙洪、吴士贤一类庸才提拔为官。房玄龄依据新颁考课条例，给他评了个"下中"，说他"背分向私，职事废阙"。这一来，他的宰相地位就保不住了，太宗让他改任太子少傅，不再参与朝政。

通过考课施行奖罚，这就对官吏们恪勤职守奉公守法造成了激励机制，使吏治得到了有效的加强，提高了工作效率。

在朝廷内外官员中，太宗最重视的是宰相和各州的都督刺史。他把前者视为股肱，把后者视为耳目。这体现了他君臣一体的思想。为此，房玄龄亲自把各州都督刺史的名单抄录在太宗的屏风上。太宗得知哪一位做了好事，就一条一条记在他们名下。

为了及时了解各州官员的表现，房玄龄还建立了朝集和巡视制度。所谓朝集，就是各州长官或上佐每年十月二十五日集中到京师来，称为朝集使，十一月一日由户部带着他们朝见皇帝，朝拜仪式结束后，再到尚书省会见朝廷官员，然后聚会于考堂，汇报各地情况，反映意见和要求，进行政绩考课。到第二年正月初一，他们把各地进贡的物产陈列于殿堂，整个朝集工作至此算是正式结束。

地方官员的政绩考核，是沟通中央和地方的一个重要途径。对此太宗本人也深知其重。

一日，太宗对房玄龄说："古时候诸侯入朝，有专门的住宿和沐浴之所，有专门供应他们车马的草料，以客礼相待。白天坐在正殿论事，晚上朝见时要在院子里点燃大烛，皇帝急于跟他们见面，对他们行旅劳苦进行慰问。汉朝还在京城里为各郡修建旅馆。最近我听说，地方来使都赁屋居住，与商人杂居，仅有睡觉的地方，这不行。"

于是，房玄龄让有司在京城空闲的街坊修建了旅馆。旅馆建成时，太宗亲临现场视察。

因为有新法的约束机制，加之太宗、房玄龄等君臣率先垂范，朝廷上下渐渐形成了廉洁自律、勤政奉公之风。岑文本官居中书令，却长期住在低矮潮湿的房舍里，室内连帷帐之类的简单装饰都没有。有人劝他置办一些家产，他叹息道："我本是汉南一介平民，并无汗马功劳，只会舞文弄墨，如今做了中书令，仕途就算是到了顶点。享受朝廷那么优厚的俸禄，已经是愧领了，怎敢再去经营产业呢？"

戴胄后来死于户部尚书任上，他的家宅破漏不堪，连个设灵堂的地方都没有。房玄龄建议为他修一座小庙，让天下官员以戴胄为榜样，廉洁奉公。

"四善""二十七最"考课新法，是房玄龄为相期间的一大创造，也是对中国古代吏治思想的一项杰出贡献，为完善官吏考核制度和唐朝吏治清明奠定了一个良好的基础。长达二十余年的"贞观之治"，与他的考课新法有着密切关系，也与他卓越的吏治思想分不开的。

作为一位出色的政治家，房玄龄忠实执行和贯彻了唐太宗的主体思想，以他的远见卓识和殚精竭虑的努力，不仅确保了大唐江山的稳固，而且为后世治国留下了宝贵的经验。

三、房谋杜断

贞观三年（629）正月，李渊的老朋友、开国勋臣裴寂，因有人控告他谋反而被审查，由唐太宗给他钦定了"四大罪"，被罢相、流放。

这么多年后，唐太宗方才为其冤死的挚友、亲信刘文静报仇雪恨，实现了他的誓言夙愿。然而，却"言杀未杀"，放了一条生路。这是为何？主要是考虑稳定政治大局的需要，同时也是给了太上皇李渊一个人情面子。

当时，兵部尚书杜如晦是这一案件的主审者，而身为中书令的房玄龄，对于涉及元老重臣裴寂的要案，当然不会袖身旁观。应当肯定，在罢黜裴寂的过程中，唐太宗和他们二人的心是相通的。从立案、审决，到最后采取宽大处理，全然是他们共同策划、实施的结果。这显然是一步妙棋。它充分展示了最高权者和最佳智者紧密结合而产生的巨大效应。

对于这一点，太上皇李渊心里最清楚。他眼睁睁地看着唐太宗君臣三人，得心应手地处置自己终生最亲密的"政友"，除了用发牢骚的方式，向自己的儿子表示态度之外，并无其他高招可施。可见，老被新取代的大趋势，谁也无法抗拒。

尘埃落定。将裴寂驱出中央要枢并彻底赶下政坛，唐太宗心里久悬的一块石头落地，感到踏实、欣喜和愉悦。因为它标志着一个旧的政治体系的终结，新的体系的开始。这是他从很早的时候，至少是在立为太子之后，就在企盼而且力争的目标。

同年二月，唐太宗就下诏，拜中书令房玄龄为尚书左仆射，兵部尚书、检校侍中杜如晦为尚书右仆射，刑部尚书、检校中书令李靖为兵部尚书，尚书右丞魏徵，守秘书监，参与朝政。

经过数年的努力，唐太宗基本上完成了对中枢机构人员的调整，形成了以房玄龄、杜如晦为核心的宰相班子。应该肯定，这一宰相班子，是唐太宗最理想班子，也是他最得力的班子。正是这个班子，在贞观之初为"贞观之治"开了个好头，打下了基础。这一方面是唐太宗"致安之本，唯在得人""为政主要，唯在得人"理念指导下的成功实践；另一方面，也是房玄龄、杜如晦二人一心奉国，尽献才智，辅君理朝而获取的必然归宿。

根据史传所载，房玄龄和杜如晦一起，"共掌朝政，至于台阁规模及典章文物，皆二人所定，甚获当代之誉，谈良相者，至今称房、杜焉"。

房、杜二人皆为命世之才，而且"房知杜之能断大事，杜知房之善建嘉谋"，又恰逢识人有慧、知人善任的明君唐太宗，以至于达到了"谋猷允协"的理想境界。

尽管杜如晦在贞观四年（630）三月，不幸英年早逝，宰辅班子改由房玄龄、魏徵、李靖、温彦博、王珪、戴胄、侯君集等人组成，但由房玄龄、杜如晦二人开创的规模及其恒守的理念，却保留和传承了下来。"房谋杜断"的美誉由此而被后人所公认。

当年，秦王府中有很多青年才俊，被调外任取者不少，李世民深为忧虑，于是与房玄龄商定对策。

房玄龄对李世民说："府中幕僚被调走的虽然很多，但是都不足为惜，只有杜如晦最为宝贵。这是因为杜如晦聪明练达，是辅佐大王的良才。倘若大王只是守住藩位，则他并无大用；若想要经营四方，争霸天下，非此人不可。"从此，李世民对杜如晦更加器重礼遇，把他当作心腹之人看待，于是上奏朝廷将其调为府中部属。

贞观之初，由于房玄龄、杜如晦二位配合默契，政绩卓著，深受宫廷内外、朝野上下、官吏民众的同称齐赞。然而，金无足赤，人无完人。由于杜如晦其人的性格比较刚直，极易外露，而且脾气比房玄龄大，因此，在处理政务和对待下属方面，难免有些失当，得罪于人，从而常受到恶意中伤。

就在杜如晦担任尚书左仆射后不久，监察御史陈师合向唐太宗上奏道："人的才能，终归都是有限的。杜如晦怎能兼任数职呢？"这显然是对他兼任吏部尚书这样的要职心怀不满，有意诋毁。

杜如晦听说此事，大发雷霆，奔跑着去向唐太宗辩白。

唐太宗了解情况之后，对在场的众多大臣说："朕出自公心治国。如今重用房大人和杜大人，只是因为他们确实很有才干。陈师合无端妄加诽谤，这是想离间我们君臣之间的关系。蜀后主十分昏庸，齐文宣王非常狂妄，却能重用诸葛亮、杨遵彦这样的谋臣为相。而朕今日怎么能猜忌杜如晦呢？"

言毕，唐太宗就下诏，将陈师合流放至秦岭之南。

可是，杜如晦却因此事生气病倒了。入冬以后，杜如晦面色枯黄，两腿肿胀，而且不停地呕吐。经太医诊断，确定是患了肝病。

杜如晦上表请辞，唐太宗准许其回家疗养，俸禄赏赐依旧照常，还经常派人到杜府问候。

房玄龄对杜如晦的病情十分关切，经常去杜如晦家中探望。他听说患肝病的人最怕生气，就经常拿一些令人高兴的话题，去跟杜如晦商谈、讨论。

每当家里来了贵宾，需要招待，房玄龄都要特意把杜如晦请到家中，让伎人玩耍一些有趣的把戏，让杜如晦开心。每当家里做了一些好菜，房玄龄也要给杜如晦送至府上，让他品尝。

房玄龄深知杜如晦是一位忧国忧民意识强烈的人。所以，他从来不给杜如晦增添忧郁感，从来不向他谈及朝廷发生的难问题、坏消息，生怕有丝毫的小事，会造成杜如晦心情上的不快。

这一天，上郡黑水寺孤悬法师圆寂的消息传来，房玄龄连忙带上法师当年赠送给他的那柄长剑，长途跋涉赶往寺内祭拜，并为孤悬法师撰写了碑文，以示永纪。但他一直瞒着杜如晦，不吐实情，担心杜如晦会过急、过悲，对其养病、康复不利。

贞观四年（630）三月，杜如晦的病情加重，腹部出现浮肿。房玄龄见状，赶紧向唐太宗奏报。唐太宗特意诏令太子李承乾前往杜府问候。

不久，杜如晦浑身发黑，大口大口地吐着鲜血。唐太宗闻状，急急忙忙亲驾杜府，坐在病榻前，抚摩着他干瘪的手，失声痛哭，并向太医询问："你们给杜大人用的是什么药？"

杜如晦张大双目，眼光注视着唐太宗，激动得想说却不能说出话来。

房玄龄坐在一旁，见此景况，心情异常沉重、悲伤。

为了使杜如晦能够安心地离开人世，唐太宗诏令房玄龄火速拟旨，将杜如晦之子杜构，越级升为尚舍奉御，并且当场给杜构授印，更换朝服。

三天后，杜如晦病逝，年仅四十六岁。如此一位旷世英才，如此过早地离开人世，的确是大唐贞观王朝的巨大损失。唐太宗号啕大哭，房玄龄也抱着杜如晦的遗体痛哭不止……

为了悼念这位政绩卓著的贤相，唐太宗决定罢朝三日，追授杜如晦为司空，封荣国公，并且诏命虞世南追念杜如晦昔日的功劳和君臣过往的交情，撰写碑文。

夏季里的一天，宫女呈送上来一盘甜瓜。唐太宗拿起一块，刚刚吃了一口，便停了下来，急召房玄龄进宫。在房玄龄行拜之后，唐太宗指了指龙案上摆着的甜瓜，说："这是波斯国上贡的甜瓜，原先经常赐给你和杜公同品。如今就只剩下你一个人了！"

房玄龄难过得痛哭失声，赶忙将一块甜瓜用玉盘盛好，派人送到杜如晦的墓前，与其"分享"。

还有一次，唐太宗赐给房玄龄两条黄银带，说："朕听说鬼神害怕黄银，你给杜公送一条去，让他在九泉之下能够安息。"于是，房玄龄代唐太宗把一条黄银带亲自送到了杜如晦的灵所。

在杜如晦病逝一周年忌日，唐太宗又派遣尚宫至杜府慰问其遗孀，并正式下诏明确：杜府的封邑、府上的官佐，一律不变。

唐太宗如此善待一名亡故的功臣，如此坚持恩遇不变，亘古罕见，他当然是为了鼓励更多的朝臣勤于政务，忠心报国。这确实是贞观时期君臣一体的典型写照。

房玄龄下令把唐太宗的恩遇之事，宣扬天下，还制成乐曲进行演唱，各地官员闻之，无不感动异常。

应当肯定，房玄龄、杜如晦二人协助唐太宗日理万机，执掌朝政，取得了十分明显的效果。唐太宗对房玄龄、杜如晦二人充分信任，当朝官员全由他们"公于取士，各尽其才"，台阁规范，文物典制，也由房玄龄、杜如晦二人修订。其他有关军国大事，行政要务，"每筹事"，唐太宗也"莫不从之"。可见，房玄龄与杜如晦在"贞观主治"中，发挥着奠基人和开拓者的特殊作用。

贞观四年（630），唐太宗虽然痛失了杜如晦，却获得了击败东突厥的喜庆。

就在杜如晦病逝后的当年四月，唐政府将东突厥颉利的原地分为六州，左置定襄都督府，右置云中都督府，进行管辖。居于北、西的诸藩，奉唐太宗尊号为"天可汗"。

四、修订《贞观律》

贞观时期之所以成为封建社会的"治世"，封建立法作为

"治世"的重要举措，立法和执法起到了非常重要的作用。

"贞观之治"的"文治"中，"法治"有其特殊的功能，而在健全法制的过程中，房玄龄的特殊贡献功不可没。

贞观元年（627）正月，唐太宗继位后的第一件大事，就是下诏责令房玄龄和长孙无忌，按照"示之以威信"的法治思想，认真详察了前代诸朝的法律条文，并立即着手对唐高祖李渊制定的《武德律》进行修正和完善。

在唐太宗的直接过问下，在房玄龄、长孙无忌的直接主持下，经过与学士、法官议定律令，此后又多次组织精通古令法典的人才进行研讨和编纂，终于至贞观十一年（637），由长孙无忌、房玄龄主持完成了《贞观律》。

《贞观律》的内容，分为名例、卫禁、职制、户婚、厩律、擅兴、贼盗、斗讼、诈伪、杂律、捕亡、断狱十二篇，计五百条。其中刑名有笞刑五等，杖刑五等，徒刑五等，流刑三等，死刑二等，凡二十等。

《贞观律》有所谓五刑、十恶、八议之分。五刑是笞、杖、徒、流、死；八议是议亲、议故、议贤、议能、议功、议贵、议勤、议宾；十恶是谋反、谋大逆、谋叛、恶逆、不遵、大不敬、不孝、不睦、不义、内乱。

《贞观律》的体式有律、令、格、式四种。律是刑律，令、格、式规定的范围极其广泛，几乎涉及政治、经济、生活的各个方面，从国家的政治制度到百姓的户籍婚丧，都有极其详密的规范。

具体地讲，令是各项制度所做的具体规定，格是对律令所做的补充和修改，式是各种行政法规。律、令、格、式互为补充，以律为主，凡是违犯了令、格、式的行为就"一断以律"。

《贞观律》规定，必须援律量刑，依法办事。法官必须依法定罪判刑，违者鞭笞三十。

诉讼与审判有定制，对"犯罪行为"，人人有"告发""起诉"的权利，地方里正官员则有"公诉"或"举劾"的责任。

同时，明确按照身份进行诉讼，有严格的等级制度。受理案件的最高司法机关有大理寺、刑部和御史台，三者各自独立，相互制约，以防止官员徇私舞弊。

一般审诉程序采取三级三审制：县为基层司法机关；府州长官兼理司法，设有专职司法官员，刺史每年巡视县衙一次，"采囚徒，察狱讼"；中央大理寺是全国最高审判机关，掌握有关司法诉讼。

另外，刑部"按覆奏狱"，掌握全国司法司政庶务及监狱。御史台负责纠察狱讼或提出公诉，平反冤狱。

凡属死刑，须"三奏五覆"，统之于大理寺，由"三司推事"，即刑部侍郎、御史中丞、大理寺卿，或由"三司使受事"，即给事中、中书舍人、侍御史审理。案情重大，无处申冤者，可直接向皇帝申诉。

《唐律》中有关于"职制"的律文，共五十九条。对各级政府机构、官员设置、行为职守，都有明确的规定。

诸如：控制机构人员编制，规定"各官署人员配置不得超过限额和不应配置而配置，超置一人，杖刑百下，超三人加一等，超十人徒刑二年"。严明职守刺史、县令、折冲都尉、果毅都尉，都必须在所辖地界内值守，不因公事，私自出境界者，杖责百下。各级官员要值班或轮流值宿，应值班而未值，应值宿而未值，各鞭笞二十，若昼夜值宿而未值，鞭笞三十；祭祀、朝会、侍卫等场合，须严守规矩，有言辞喧嚣、坐立怠慢等违失礼仪程式的行为，鞭笞四十。

各级官员办事，要严格遵守时间规定，皇帝的制诏一旦定案，要当日行下。下级机关接到制书，要立即抄录、转发，不得延误。抄转制书，以制书的长短，限定时间，最多不超过五天。拖延制书者，一日鞭笞五十，三日加一等，十日一年徒刑。

经办官方文书，也有严格时限。拖延一日，鞭笞十下，三日加一等，罪止杖责一百；需要会签的官方文书，经三人以下的，给一天的会签的时间；经三人以上的，给两天时间；事情重大，各加一天。如果会签超过了时限，按拖延官方文书治罪。事情紧急，超计程速办。

朝廷制书有误，要及时奏闻，然后改正，施行。官府常行文书有误，也要及时报告当司长官。"制书有误不奏闻而擅自改定，杖责四十，常行文书有误不请而自改定，鞭笞四十。知有误也不奏请，而依错施行，罪同。修文字者，各加二等"。

受制、敕出使，事毕须返命奏闻。"若不返制命即干预他事，徒刑一年半；以故有所废缺者，徒刑三年。非制使妄自干预他事者，杖责九十，以故有所废缺者，徒刑一年。"

设官分职，各有司存，"超越本职范围，侵人职责者，杖责七十"。

此外，还对官吏受贿问题规定有明确的惩罚条件和标准。

《贞观律》对官员职守的要求是十分严格的、处罚也是十分具体的。这无疑会增强各级官员的责任心和使命感，促使行政执法效率的提高，整饬了唐初的吏治，对于完善和强化国家机器职能有重大的保障作用。

由房玄龄主持修订的《贞观律》，从法律的封建性来讲，总体上是体现了地主阶级的政治意志，维护地主阶级的经济利益，但它至少可以在一定程度上减少枉断滥刑、草菅人命的现象，所以唐初法治思想有两个明显的特点，即立法的宽简和执法的审慎。

首先，是立法的宽简。这当然是与力革隋朝的弊政和苛律有关。秦王李世民在率兵攻占隋朝东都洛阳之后，他就曾令萧瑀、窦轨等"封守府库，一无所取。令记室房玄龄收隋图籍。于是诛其同恶段达等五十余人。枉被囚禁者悉释之；非罪诛谬者，祭而诛之"。唐太宗继位后，继续执行《武德律》"务在宽简"和"务使易知"的法治理念，并且有所发展。

唐太宗和房玄龄君臣十分重视并且认真总结了历代统治者，特别是隋炀帝杨广"志在无厌""小不称意，则有峻罚严刑""遂为灭亡"的历史教训，深知只有缓和阶级矛盾，给人民以一定的安定局面，才能巩固封建统治的道理。

他们从维护大唐王朝的长治久安的目标着眼和出发，强调"专以仁义诚信为治"，反对单用重法镇压的"任法御人"，知其虽能"救弊于一时"，然而"败亡亦促"。因此，按照"用法务在宽简"的原则，使《贞观律》比隋代旧律"减大辟者九十二条，减流入徒者七十一条""凡削烦去蠹，变重为轻者，不可胜纪"。

同时，唐太宗和房玄龄在执法上，鉴于人命关天，"纵有追悔，又无所及"的道理，吸取"枉杀大理寺丞张蕴古"的教训，强调执法审慎。

贞观五年（631），张蕴古为大理寺丞时，相州人李好德精神异常，常胡言乱语，妖言惑众，所以唐太宗下诏将他收押在牢中。

张蕴古提出异议，说："李好德患有疯癫的病症，依法不应当坐牢。"

唐太宗允许宽恕李好德。还没有正式公布，而张蕴古却偷偷地将消息告诉李好德。御史权万纪知道这件事后，奏明唐太宗弹劾张蕴古。唐太宗大怒，下令将张蕴古问斩于法场。

时过不久，唐太宗即后悔，他对房玄龄说："公等身为朝廷官员，食人民的俸禄，必须站在人民的立场为民设想，无论大小事情，都应随时留意。但是今天朕若没有问起，大家就绝口不提，凡事不会上言劝谏，那么你们如何辅助我呢？就像张蕴古身为法官，竟与囚犯博戏，并将朕的话泄露出去，这是很严重的罪状；但根据一般的律法来判罪，也不至于判处死刑。朕当时因为非常震怒，所以下令处以死刑，而竟无人加以劝谏，负责行刑的官员也没有禀奏请示，即刻执行处决，岂有这种道理！"

因此，下诏说："凡是被判死罪的，虽然下令立刻处决，也需要再上奏五次。"

这项五次覆奏的法令，就是从张蕴古案之后开始的。

贞观十年（636），唐太宗对左右大臣说："国家的法令，必须要简约，不可一罪即作多种的条文，法律若是繁多，则官吏不能全部记下来，更容易发生奸邪狡诈的情形；若想替人开脱罪名，就引用刑罚较轻的条文；若要加罪于人，就引用刑罚较重的条文。屡次改变法则，实在不合道理。应该详细审察条文，使条文没有重复之处。"

贞观十一年（637）正月，房玄龄等人认为"依照旧法，兄弟分别，门荫互不相关，而谋反连坐时均处死；祖孙有荫亲，只应发配流放。依据礼义考虑人情，深觉有不当之处。现今复定律令，祖孙与兄弟株连犯罪的均发配劳役"。唐太宗表示同意。自此比照古代死刑，已除掉了一大半，全国称道。

删减武德以来敕格，确定留下七百条，明确制定枷、杻、钳、锁、杖、笞等刑具，均有长短宽窄的规制。

正是由于唐太宗与房玄龄君臣对于立法、执法的高度重视和亲身实践，加之魏徵、戴胄、李乾祐、李道裕等坚持"布大信十大下""与天下人共之"的执法理念，正确地处置和纠正了一些诸如"冒资荫者斩""县令偷盗官粮""县令私役门夫""张亮坐谋反"等有影响的大案，加上其他一系列政治措施的落实，使得贞观时期的社会秩序比较安定，经济的恢复和发展也比较快，形成了"贞观之治"的盛世局面。

五、制礼作乐

唐朝是一个泱泱大国，大国就要有大国的气度，大国的文化。所以，天下平定后，唐太宗要"偃武修文"，加强大唐的文化建设，大力倡导周孔之道。

这个任务，就交给了房玄龄。

经过了魏晋南北朝的乱世，现在要用儒家经典来统一人们的思想，使社会重新恢复秩序。房玄龄的第一件工作是考订经文。

当时，经籍"去圣久远，文字讹谬"，不利于学生学习。鉴于这种情况，唐太宗命令精通训诂之学的前中书侍郎颜师古，在秘书省考订《周易》《尚书》《诗经》《礼记》《春秋》。这项工作完成之后，唐太宗复召尚书左仆射房玄龄，集汇诸儒重加详议。这是一项重要的文化建设工程，组织诸儒进行评议，有一定难度。因为"时诸儒传习已久，皆共非之"，异端蜂起，不易结论。

面对这一现状，房玄龄请示唐太宗同意，安排"师古辄引晋宋以来古今本，随言晓答，援据详明，皆出其意表，诸儒莫不叹服"。

于是，房玄龄建议朝廷任命颜师古"兼通直郎散骑常侍，颁其所定之书于天下，令学者习焉"。这样，《五经定本》即被唐太宗批准，颁布全国，成了官定的统一课本。

第二件工作是确定正义。为了正确地解释经文，房玄龄又向唐太宗建议，针对当时"师说多门，章句繁杂"，不利于统一思想认识的现状，在颜师古考订五经经文讹谬的基础上，又"命孔颖达与诸儒撰定五经疏，谓之正义，令学者习之"。

自东汉以来，由于经学大师各树门派，纷纷解经，故而给经学的传习造成了极大混乱。《五经正义》经朝廷正式颁布之后，使原来的混乱局面为之一扫。自此以后，唐代应科举考试的士子，就必须依据《五经正义》答卷，不允许自由发挥。

当然，因为《五经正义》是官修之书，杂出众人之手，自然弊误不少。所以，唐太宗在贞观十六年（642）下诏"更令详定"，可惜此时孔颖达已年老辞官（致仕），无力主修，直到唐高宗李治永徽四年（653）三月，书成，正式颁行天下，作为钦定的全国性的权威教科书。

房玄龄协助唐太宗完成了统一《五经定本》和《五经正义》的文化工程，这当然是中国经学史上一件具有划时代作用的大事。这正如著名史学大师范文澜先生所言："对儒学的影响，与汉武帝罢黜百家、独尊儒学有同样重大的意义。"这是因为,不管是从深度,还是从广度上讲,唐太宗和房玄龄君臣对经义的解释采取兼收并蓄、广闻博览的态度,就使得唐初经学的统一和发展达到史无前例的盛况,这是应该充分肯定的。

俗话说:功成而作乐,治定而制礼。中华古国,礼仪之邦。维护封建礼仪,就是维护封建王朝的正常秩序。所以,历代封建统治者对此都十分重视。故而,六朝礼学,尤为兴盛,隋朝亦然,唐初的唐太宗和房玄龄君臣也不例外。

隋文帝杨坚命太常卿牛弘集南北仪注,定《五礼》一百三十篇;隋炀帝杨广继之在广陵加以修订,即《江都集礼》,集南北礼学之大成;唐高祖李渊定鼎长安,当时"方天下乱,礼典湮没",他召用较为熟悉隋朝礼仪的窦威为大丞相府司录参军,沿袭隋礼,略加裁定,被李渊赞为"今之叔孙通"。

唐太宗继位后,既然要实现"文治"的既定目标,自然就不能不对原有的隋礼进行必要的损益革新。

贞观二年(628),唐太宗命时任中书令的房玄龄兼任礼部尚书之职,请他召集一批熟悉礼学的"礼官学士",从事旧礼的修改。第二年,魏徵任秘书监,也参与了修订工作。

这样,在房玄龄的主持下,经过数年的努力,至贞观七年(633),"始令颁示"。这是《贞观新礼》的初次修订稿,共一百三十篇。正因为是初次修订,不完善之处自然难免。

房玄龄将此稿呈予唐太宗御览之后,唐太宗并不满意。于是,房玄龄按照唐太宗的旨意和魏徵、王珪等大臣共同主持修改。同时,邀请当时一批著名的学者,比如颜师古、孔颖达、令狐德棻(fēn)、李百药等参加,切实加强了专家、学者的力量。

这样，又经过了数年的努力，到贞观十一年（637）三月，《贞观新礼》最终修成。

房玄龄怀着如释重负的心情，将比初次修订稿增加了八篇的《贞观新礼》呈送给了唐太宗。唐太宗经过了认真审读，认为第二次修订稿较前大为完备，可谓集古今礼学之大成。于是，诏颁天下。

唐太宗对他自己继位后在不到十年的时间里，就成此"二乐五礼"的巨大效果，还是非常满意的，他认为房玄龄等人的功绩，不仅超过了昔日的周公相成王，而且足以可供后代所效法，值得自豪、骄傲。

对此，房玄龄没有明确表态。

而向来以"敢犯逆鳞"著称的魏徵，这一次却一反常态，对唐太宗的问题做了非常肯定的回答，而且大加颂扬唐太宗"拨乱反正，功高百王，自开辟以来，未有如陛下者也。更创新乐，兼修大礼，自我作古，万代取法，岂止子孙而已"。

魏徵在这里，并不是有意阿谀奉承，而是真心敬佩颂扬，他一方面肯定唐太宗拨乱反正，功高百王，自开辟以来，无人可比；另一方面也同意，并且说明"更创新乐，兼修大礼"，不只是后代子孙，而应当是万代取法。

我们推断，当时在场的房玄龄听了魏徵的这番发自肺腑的评赞，在内心里肯定是相当激动和兴奋的。但是，他未必会溢于言表。这就是房玄龄，一个在童年时代就形成了"慎言敏行"性格的房玄龄。

至于说到唐太宗所说的"二乐"，或者是魏徵所说的"新乐"，是指《秦王破阵乐》和《功成庆善乐》，它们是由唐太宗亲自主持创作的新型歌舞。这与整理儒学经典、修订《贞观新礼》的目的和作用是一致的。

早在武德九年（626）正月，就开始由太常少卿、杰出的音乐大师祖孝孙修订雅乐。此人熟习陈、梁、周、齐的旧乐，吴楚之音以及胡戎之伎，于是斟酌南北，考以古音，历时两年半，于贞观二年（628）六月，修订完成《大唐雅乐》。

就在《大唐雅乐》初演之时，唐太宗和群臣就"乐"的作用问题，进行过一次讨论。

尚书右丞魏徵认为："古人称：'礼云礼云，玉帛云手哉！乐云乐云，钟鼓云平哉！'乐诚在人和，不在声音也。"

唐太宗表示完全赞同魏徵关于"乐诚在人和"的观点，并在贞观六年（632），又令褚亮、虞世南、魏徵等作新乐乐章。他致力于把南北胡汉音乐熔于一炉，赋予贞观新乐以健康向上的活力，十分注意发挥音乐歌舞的"人和"作用，始终保持着政治家的清醒头脑。

贞观七年（633）正月，唐太宗在玄武门宴请三品以上官员及州牧、各民族酋长时，曾演奏《七德舞》即《秦王破阵乐》和《九功舞》即《功成庆善舞》。

为了进一步弘扬以"孝悌"为基础，以"仁爱"为核心，以"中和"为前提的儒家学说，贞观二年（628），房玄龄等又向唐太宗建议，下诏停止武德期间在太学行释奠礼，以周公为先圣，孔子配享以祀的旧制，而开始于国学之中设立孔子的庙堂，以旧有的典章为规范，尊孔子为先圣，颜渊为先师，两旁祭享崇华的礼器，从此完备。

就在这一年，朝廷大量招收天下有道德修养的读书人，并赐布帛，且用车迎至京师谒见，没有录取而徘徊于廊庙者，多不胜数。被选录的文学之士，通一大经以上者，都以吏职入仕。

唐太宗经常至国学察看，请祭酒、司业、博士等讲论经籍。讲论完毕，则对每个人赏赐束帛。因此，国内各地的学子，负笈而进京师来学习的不下数千。

六、盛世修史

"览古今主事，察安危之机。"

贞观君臣为了实现"文治"的理政目标，坚持"古镜今鉴"的基本理念，十分重视历史学的研究和史书的编纂工作。

房玄龄不愧为我国封建社会中涌现出的最杰出的史学家之一。由他而始，开创了中国古代宰相总监、官修史书的新体制，而且他肩负"监修国史"重担的时间最长，从贞观三年（629）任尚书左仆射到贞观二十二年（648）临终之前，将近二十年。

在他担任"总监诸代史"的贞观盛世期间，成书八部，占了被封建史家列为二十四部"正史"的三分之一，数量最多，质量最高，对后世的影响和作用也最大。这是任何一个封建王朝都无法与贞观一朝相比的，这其中有唐太宗的正确领导，当然更有房玄龄的巨大贡献。由他撰写高祖、太宗实录，使之具备较强的系统性和较高的真实性，从而为后世撰修唐史起了非常重要的作用，《旧唐书》《资治通鉴》之《唐纪》，大都参考和抄录了唐代实录。

应当承认，大唐王朝的开国之君唐高祖李渊也深知修史工作的重要性。所以，早在武德四年（621），当起居舍人令狐德棻向他提出修撰前朝史书的建议时，当即表示赞同，予以采纳。这是因为，当时的情况正如令狐德棻在奏疏中所指出的那样："近代以来，多无正史。"梁、陈、北齐"犹有文籍"，至于周、隋因遭大业离乱，文献"多有遗阙"，"当今耳目犹接，尚有可凭，如更十数年后，恐事迹淹没"，并且唐先人在北周功业显赫，"如文史不存，何以贻鉴今古？如臣愚见，并请修之"。在全国尚未统一，秦王李世民和房玄龄等诸将正与窦建德及其余部刘黑闼先后征战决定胜负之时，令狐德棻能清楚地阐明修撰前朝史书的必要性，而李渊也能明确地接纳他的建议，确实是难能可贵的。

正是基于上述情况和认识，唐高祖李渊于武德五年（622），下达了《命萧瑀等修六代史诏》。任命萧瑀等撰修北魏史；陈叔达等撰修北周史；封德彝等撰修隋史；崔为等撰修梁史；裴矩等撰修齐史；窦璡等撰修陈史。而且，还对修撰六代史，提出了总的要求："务加详核，博采旧闻，义在不刊，书法无隐。"

有了好的动机，未必就会取得好的效果。尽管李渊重视修史工作，也下诏明确了各史的主撰人员并提出了总体要求，但实际上，由于当时国家总的形势尚未稳定，主撰人员多是前代宗室，不仅思想保守而且水平有限，所以，虽经数年，仍没有完成反而停止了。于是，修史的任务，就自然而然地落到了唐太宗的肩上。而且，从一开始，他接手的规模就大、标准就高。

贞观三年（629），唐太宗复敕，继续开始修撰前代诸史，并且命任房玄龄、魏徵"总监诸代史"，由令狐德棻具体指导和协调诸史的撰修工作。

当时，因为北魏史已有北齐的魏收所撰《魏书》和隋代的魏澹所撰的《魏书》两家，"已为详备，遂不复修"。于是，就命令狐德棻、岑文本修北周史；李百药修北齐史；姚思廉修梁史、陈史；魏徵修隋史。

这一次的人员调整、分工和安排，显然是很得力、很妥当的。而房玄龄在识人善举，使史官"各当其才"方面，应当说是颇具匠心的。比如，安排魏徵主修隋史，就相当精妥。一是，魏徵在向唐太宗进谏时，常常以"亡隋为戒"，而且有亲身经历，对隋史定然了解而且有深刻的见解；二是，"周、隋遭大业离乱，多有遗阙"，起居注在者极少，而魏徵针对这种情况采取"隋家旧史，遗落甚多，比其撰录，皆是采访；或是其子孙自通家传、参校，三人所传者，从二人为实"的措施，以史风谨严、史料翔实无误，方可采用为原则，故而当时就有"良史"的美称。

另外，令狐德棻，乃儒学传家，他本人"博涉文史，早知名"；李百药则"才行相继""四海名流，莫不宗仰"，唐太宗亦"重其才名"。

还有姚思廉，他的父亲姚察学兼儒史，见重于陈、隋二代。在陈时就曾修梁、陈二史，未就，"临终令思廉续成其志"。姚思廉年少时，就向其父学习汉史，"能尽传家业"。他于贞观三年（629）受诏撰修梁、陈二史，除了继承前人对梁、陈历史的研究成果之外，主要是继承他父亲未竟事业，可谓是"父子相承"，"弥历九载，方始毕功"，撰成《梁书》五十卷，《陈书》三百三十卷。

不过，美中不足。"五代史"虽成，但因为没有志书，不能成为全史。贞观十五年（641），唐太宗又下诏命于志宁、李淳风、韦安仁、李延寿共同撰述《五代史志》。但终贞观之世未成，直至唐高宗李治显庆元年（656）方毕。凡十志共三十卷，其中

《天文》《律历》《五行》三志，系李淳风所作。

唐太宗在梁、陈、齐、周、隋"五代史"修咸之后，在贞观二十年（646）二月，又提出了重修晋史的要求，并且还下达了《修晋书诏》。在这篇诏书中，唐太宗宣明了"大矣哉，盖史籍之为用也"的著名论断，对历史科学的"古为今用"社会取向，给予了充分肯定和极高的评价。

晋史的重修，与"五代史"的撰修有所不同，主要是因为有前人的成果可资参考，所以历时较短，从唐太宗下诏到最终撰成，首尾不足三年。

唐代以前，史家撰成的晋史已有二十多家，贞观年间尚存的仍有十八家。但是，唐太宗在其诏书中，对这些都评价不高。认为以往的诸家晋史是"才非良史，事亏实录"，说他们有的"烦而寡要"，有的"不预中兴"，有的"其文既野，其事罕有"。于是，就再一次任命房玄龄为总监修，负责《晋书》的撰修工作，并组建了一个近二十人的庞大的修撰班子，其成员多为朝廷中位高权重、精通文史的大臣，可见唐太宗对这一工作重视的程度。

具体修撰时，他们选定南朝齐人臧荣绪所撰的《晋书》为蓝本，并参考诸家晋史和晋人的文集等资料，撰成本纪、志、列传、载记凡一百三十二卷。唐太宗还亲自为《晋书》的《宣帝纪》《武帝纪》《陆机传》《王羲之传》写了四篇史论。因此，当时把《晋书》题为"御撰"。

贞观二十二年（648），《晋书》终于撰成。《晋书》撰成之后，先前的诸家晋史遂渐不传。这说明，新撰的《晋书》的确优于前人的同类诸史。

唐代贞观时期，除了奉旨撰述的六部之外，还有李延寿所修的《南史》和《北史》，他既是为了继承父亲的遗志，也是出于他个人的愿望。《南史》通南朝宋、齐、梁、陈为一史；《北史》通北朝魏、齐、周、隋为一史。李延寿从贞观年间开始着手，用了十六年的时间，终于在唐高宗李治显庆四年（659）成书。《南史》八十卷，《北史》一百卷，毕一人之功力，可谓工程繁重、浩大，而且南、北二史有很明显的贯通、简练的特点，"亦近世之佳史"。它虽然为私人所撰修，但也不能不受到贞观时期官修史书氛围的影响。

所以，官修的《晋书》《梁书》《陈书》《北齐书》《周书》《隋书》和私撰的《南史》《北史》，这些贞观时期在史著编纂上的重大收获，被封建史家列入中国古代的二十四部正史之中，是理所当然、当之无愧的。

贞观王朝不仅十分注意修史人员的选拔和修史班子的组建，而且还特别从史官制度上对修史工作加以控制。主要的措施，就是由朝廷设置史馆，监修国史。

禁中是皇帝政治活动的中心之地，而唐政府把史馆设于禁中，足见其重视程度。且设置在此有两方面的好处：一是便于记载以皇帝为中心的各种政治活动；二是也利于皇帝对史馆进行控制。

由唐太宗开始，正式确立宰相监修国史的制度，而且从这一制度建立的第一天起，唐太宗就把这一最高文权交付给了房玄龄。他实际上就是代表皇权在控制修史，而且从此制开始到房玄龄病逝之前，从未改易一人，就是在撰修《晋书》过程中，仍以时为司空的房玄龄担当此职，可见唐太宗对房玄龄的信任。

官修史馆随皇家园林而设，长安的馆址"与鸾渚为邻"，洛阳的馆址"与凤池相接",而且"馆宇华丽,酒馔丰厚",足见条件之好,待遇之优,故而"得厕其流者,实一时之美事",当时的文官、学者能够"得厕其流",参与这里的修史活动,"实一时之美事",当是不少人向往、羡慕的所在。

同时,唐太宗在房玄龄的建议和协助下,还采用行政手段,责成有关部门征集史料,并限期向史馆报送。比如,中书、门下要录送时政记;左右起居郎录送起居注;刑部录送法令的变更;户部申报州县废置;各州录送刺史、县令的善政异迹等等。这样,征集史料的办法具体、明确,搜集的史料广泛、详实,就从根本上保证了史书内容的真实性和多样化,体现了设置史馆、官修史书的优越性。

凉州都督李大亮,少有文武才干,为政以惠闻于天下。房玄龄曾在唐太宗面前称赞李大亮有周勃之节,从而深得唐太宗的信任。为了让李大亮通过读史以明"体"与"义",更进一层地表达其"方大任使,以申重寄"的深意,唐太宗亲自向李大亮赠赐了《汉纪》一书。因为唐太宗和房玄龄认为《汉纪》"论议深博,极为治之体,尽君臣之义"。同时,也是为了在群臣之中提倡"公事之闲,宜寻典籍"的学史用史之风。

以史为镜,可以知兴替。唐太宗和房玄龄君臣二人,一位积极倡导,一位全心执行,两力合一力,共同努力,充分利用贞观一朝的人才资源和文献资料,遵照"古为今用"基本原则,采取宰相领衔、群体和个体相结合的有力措施,取得史无前例的辉煌成果,令世人瞩目,后人钦佩,确是中外文明史上的奇迹。

七、位高勋重

贞观之初，唐太宗的臣僚阵容相当强大，素质相当好。尤其是以房玄龄为首的宰相班子，由杜如晦、王珪、戴胄、温彦博、魏徵、李靖、李勣等人组成。随着时间的推移，这个强大、有力的宰相班子，不断发生重大变化。先是贞观四年，杜如晦英年早逝；贞观七年，戴胄病死，门下侍中王珪也因泄露禁中语被左迁为同州刺史，而由魏徵代为侍中。贞观十年，长孙皇后病逝，临终之前，她对唐太宗评赞房玄龄说："玄龄事陛下久，小心缜密，奇谋诡计，未尝宣泄，苟无大故，愿勿弃之。"唐太宗痛失内廷良佐，在陷入不尽思念之时，魏徵又因患了眼病，提出了辞职请求，唐太宗自然不肯答应。在魏徵的再三恳求之下，才解除了魏徵的职事官侍中的职务，授以文散官特进的称号。贞观十年，中书令温彦博改任为尚书右仆射，第二年六月便因病去世。这样到贞观十年（636），原来宰相班子的主要成员，就剩下了房玄龄一人。

贞观十年以后，宰相班子的变化更为激烈：贞观十年，杨师道为侍中；贞观十一年，侯君集参预朝政；贞观十二年，高士廉为尚书右仆射；贞观十三年，侍中杨师道改任中书令；贞观十七年，杨师道罢，高士廉辞位，侯君集被杀；贞观十八年，刘洎为侍中，岑文本、马周并为中书令，褚遂良参预朝政；贞观十九年，侍中刘洎被杀，岑文本死于征伐辽东途中，司徒长孙无忌摄侍中；贞观二十一年，高士廉死；贞观二十二年，马周、房玄龄相继去世。正月，长孙无忌检校中书令，知尚书、门下省事；九月，褚遂良为中书令。

在贞观王朝的群僚重臣之中，房玄龄担任首位宰辅的时间最长，他从政的生涯，几乎贯穿于从草创大唐政权到实现"贞观之治"的全过程。而唐太宗对这位开国元勋和朝廷宰辅，也十分敬重与倚恃，所以，房玄龄的意见和态度，乃至他的言行举止，都是很有分量和影响的。

而房玄龄本人的突出优点和长处，正如前已述及，主要是：善建嘉谋，办事认真，勤勤恳恳。加之，他善于识才、荐才、用才，与朝廷重臣之间的感情和交往都比较融洽、和谐。所以，不管是年老的开国元勋，还是少壮的后起之秀，同他都相处、相交、相往得不错。

同时，房玄龄久居宰辅首位，手中握有重权，但是，从不权大欺主，也不仗权压人，而是秉权为公，以诚相待，所以，在贞观王朝的初期，乃至后期，人事更迭频繁中，他能稳坐阁台。这主要是因为，房玄龄为政平和、宽容，处事细精、谨慎，朝中群臣不会也不敢轻易与他为敌。

还有，房玄龄虽然与杜如晦、王珪等人的关系相当密切，非同一般，但他从不"结党"，凡是朝廷任用的官员，他都一视同仁，从来没有发现他有厚此薄彼的情况，更没有排除异己的表现。所以，他能团结不同出身、不同资历、不同性格、不同水准的各类官员一道从政治国，从而受到群臣的拥戴。

另外，房玄龄虽然从小就胸怀大志，但他并没有任何的政治野心，全心全意、诚心实意地辅佐唐太宗建功守成，并没有过多地妄图从朝廷中获取私利。当然唐太宗对他的各种赏赐和封地待遇，也够多、够高了，他已十分满足，压根儿用不着以权谋私，贪图财帛。故而，一生清廉。

再者，房玄龄是一位善于处理人际关系的高手。他很会做人，也很会待人，很明白人生在世的诀窍：千重要，万重要，人际关系最重要。天时不如地利，地利不如人和。和为贵、忍为高的儒学理念，不仅在他思想上根深蒂固，而且在他的行动中，更是随时可见。

房玄龄身为贞观一朝的首辅，忠心辅佐唐太宗处理政务。治理天下，需要他过问和经办的大事小情，确实很多很多。从唐人吴兢所著的《贞观政要》一书的若干条记载中，就能非常清楚地看出这一点。他不仅重视吏治，认为吏治问题是天下走向大治的根本问题，而官吏在施政过程中，做到公平正直，又是治国之要道。

有一天，唐太宗与房玄龄君臣在讨论为政之道时，唐太宗问："房公，请问你认为为政之道的关键何在？"

房玄龄回答："政策应该宽松公平，执行则要严格公正。这样，官员们才能竭尽所能，尽职尽责。"

"那么，你身为首辅，当该如何呢？"唐太宗似乎有些明知故问。

"微臣认为，最基本的一条是：把别人的善引，看作是自己的善引。对人不要求全责备，不要以己之长，去衡量他人之短！"房玄龄总结自己从政多年的经验、体会，又一次非常认真地回答说。

当时，房玄龄身为首辅，可以说是日理万机，权重身贵。但是，由于他有着令人惊叹的办事效率和实干能力，对朝廷既定的国策，能够带领他所选拔的贤能埋头苦干，达到预期的满意效果。战争年代，秦府十年，事无巨细，他都要管，尤其是军事和政治文书，最后都要他圈定，不少文书他仍要坚持亲自起草，而且条理清晰，因此史传上称他"在秦府十余年，常典管记，每军书表奏，驻马立成，文约理瞻，初无稿草"。这就是说，他有不少军事文书和上奏给唐高祖李渊的表章，是在马上思考而后即兴完成的，不用草稿就能做到文采优美，且顺理成章。他如此才思敏捷，与他幼时的家教、积淀有关，也是后来十多年的戎马生涯练就的殊能。

为相之后，房玄龄依然保持着这一传统，兢兢业业，不敢有丝毫懈怠。因此，史书上称他"任总百司，虔恭夙夜，尽力竭节，不欲一物失所"。

古人说他在相位时"贞观之盛，群材蚁附"，这自然与他任人唯贤有关。但是，对于一些重要部门的岗位，一时英才难以选定之时，他又坚持宁缺毋滥的原则，自己先承担起来。史称，有一个时期，管理财政的度支部门缺少合适的人选，房玄龄"宁虚其位，而不以与人"。因为这是"关天下利害""民力所系"的要害部门，是决然不可轻易交付给"聚敛之臣"手中的。这种"宁受旷权之机，而不忍冒昧以与下"的精神和风格，可谓用心良苦。

"事无巨细，咸当留意。"房玄龄不仅重视吏治，经常审察司法的得失，而且还要了解、掌握、知悉武库甲仗的数量多少，及时向唐太宗奏报。另外，诸如宫室殿阁的施工、营造等各项细务，他都要记在心上，认真去办。有时，略有小的不察，他都觉得是自己的过失，自责不已。

有一次，房玄龄病得很重，一位朝中的小吏跟人开玩笑说：

"宰相小病，大家去探访他，有好处；如果他病得快要死了，这时候再去探访他，就没有什么用处了。"

这些话传到了房玄龄的耳朵里，他只是付之一笑。

过了几天，那位小吏跟随众臣来探访他。他见了非常高兴，微笑着对小吏说："连你都肯来看我，这说明我一时半会儿还死不了啊！"

对于一位权倾朝野的正二品宰相来说，能够对他的下属如此宽容，足见他的豁达大度。

有人说，房玄龄的某些作为过于小心谨慎，缺乏魏徵那种直言进谏的精神，似乎有一定的道理。房玄龄确实很善于观察唐太宗的情绪，很善于揣摩唐太宗的心理，很善于领会唐太宗的意图，也很善于按照唐太宗的指示办事，在处理君臣关系方面，他对于唐太宗的态度和做法是：敬畏和顺从，多于触犯和匡正。

对于这一点，唐太宗本人也深有感受。有一次，他就对大臣说："房玄龄处朕左右二十余年，每见朕谴责余人，颜色无主。"

在唐太宗召开内阁大臣会议，讨论重大国务事宜之时，房玄龄很少发表自己的意见，也不轻易袒露个人的看法；但是，最后决议还是要征得他的同意才去执行，这也是事实。尽管他讲话不多，很少发言，但是作为贞观王朝内阁核心的地位和作用，是大家公认的，也是不能动摇的。因为他的能力和经验，包括个人的品位和品质，确实得到了唐太宗的高度赞扬和群臣们的广泛推崇。

到了贞观后期，房玄龄在朝中的地位也发生了一些变化。比如，贞观十六年（642）七月，唐太宗任命长孙无忌为司徒，任命他为司空；贞观十七年正月，魏徵病故；四月，废皇太子李承乾为庶人，其党羽汉王李元昌、吏部尚书侯君集等被杀，降封魏王李泰为东莱郡王；七月，房玄龄罢官，十月又起复其位。这是为何？主要是因为房玄龄之子房遗爱参与了魏王李泰争夺太子储位的阴谋活动，而使其受到牵连。

尽管如此，唐太宗对房玄龄虽然有过猜疑和不满，但对于他的正确意见，还是认真听取和采纳的。有一件事，就颇能说明这一点。

贞观二十一年（647）四月，唐太宗因患风疾，在终南山营造翠微宫后，于五月至翠微宫，命百司决事于皇太子李治。当时，房玄龄作为司空，留守京师。

唐太宗在终南山翠微宫授予李纬司农卿、户部尚书之职。正好有从京师到翠微宫来觐见唐太宗的官员，唐太宗借机询问："玄龄听到李纬官拜尚书，有何表示？"

觐见的官员回答说："司空大人只说了一句话。"

"什么话？"唐太宗急切地问。

"他说：李纬留有一副很好的胡须！"

"仅此一句，无有别言？"唐太宗又问。

"正是。仅此一句。"觐见的官员再答。

唐太宗对房玄龄的这一句话，进行了反复思考。他很快地觉察到了房玄龄此言的弦外之音：李纬其人，不胜其职；自己授任，有欠妥当。

其实，房玄龄的这一句巧妙的趣言，非常艺术地表述了一种看来与授官任职无关而却又十分明确的态度。试想：如此一位过分注重于自身仪表修饰而无更多长处和本领的人，焉能尽职尽责地担负起主管朝廷农业和户部政务这些关系到国计民生大事的重任？于是，明智的唐太宗收回成命，乃改授李纬为洛州刺史。

可见，言不在多，而在于正。房玄龄在李纬任职问题上，所表现出来的影响和作用，可谓"一言九鼎"。

还有人讲，由于房玄龄对唐太宗的顺从、迎合，该说的不说，该谏的不谏，该保的不保，是其在明哲保身，患得患失，致使唐太宗蜕化而变得偏执、多疑、独断专行，而在他的晚年造成不少朝廷重臣被治罪、被贬谪或者被处死。

对于这样的评价，似乎有些苛求。首先，我们承认房玄龄不是魏徵。像魏徵这样的贤相，千古一人而已，故而被后人誉为"千秋金鉴""帝王人镜"。而就是魏徵这样一位被唐太宗视为"良匠""金镜"的人，一位忠心耿耿效力于大唐王朝、置自身名望利禄于不顾而奉事的重臣，生前虽然未曾遭到"兔死狗烹"的厄运，而死后却因李承乾谋反，侯君集、杜正伦之事等谗言而受株连蒙受大辱奇冤。唐太宗不仅中止了魏徵长子魏叔玉与衡山公主的赐婚，而且推倒了亲自撰文的墓碑。

但此时的房玄龄，面对的不再是唐代贞观之初的唐太宗。那时候唐太宗认为"人欲自照，必须明镜；主欲知过，必藉忠臣""人君必须忠良辅弼，乃得身安国宁"，他对大臣无比信赖，就是有人在君臣之间制造疑案，不仅不能得逞，反而遭到严惩。魏徵、房玄龄、李靖、尉迟敬德等人，都曾被人诬告、陷害，唐太宗或者根本不予理睬，或者澄清后信任如初。然而，在经历了齐王李祐与太子谋反的严重事件之后，唐太宗的猜忌心理急剧膨胀起来，君臣之间相互信任的良好气氛，被怀疑、猜忌所取代。大臣们纷纷为躲避嫌疑而自保，而房玄龄也因为其子房遗爱参与魏王李泰的阴谋活动而受到唐太宗的猜忌。在这种情状下，让房玄龄和魏徵一样，去向唐太宗进谏，或者力保某人不死，不仅保不了别人，恐怕连他自己的命也保不住。即便是魏徵再生，而唐太宗已变，他就是再豁上十条命，也无济于事、无力回天！

房玄龄作为中国古代的一位"明哲"，他在贞观后期采取"保身"的手段，是完全可以理解的。不管唐太宗在他的晚年如何频繁更换宰相班子成员，但是房玄龄作为内阁核心的身份和地位并没有发生根本性的改变和动摇，倒是他几次上书谢辞，要求解除他的尚书左仆射之职。

正如《贞观政要》所记载的那样：玄龄因居相位已有十五年，屡次上表欲辞官位，但太宗不允许。贞观十六年（642），进升司空之位，仍然总理朝政，且监修国史；玄龄又以年老力衰欲告老辞官，太宗派遣特使说："国家长久以来靠宰相任使，若突然失去良相辅佐，就好像断了双手一样。房公若体力尚未衰退，就不必要辞职让位，如果自知体力衰退，则当立即上奏禀报。"玄龄于是打消了原意。

对于唐太宗对自己的器重，把自己视作"双手"一样的评价，房玄龄心中是非常感激的。但是，他毕竟老了，唐太宗也老了，而且变了，变得与当年不同，令人不安。于是，他深感心有余而力不足，但是，圣上不让自己辞官，自己也只能是坚持从政，尽力而为，待日后有机会再说。如果我们认为，房玄龄在此时是患得患失，那是不公正的。

要说"得"吧，他不仅认为自己应该得到的都得到了，而且得到的实在太多了；再说"失"吧，他想要失的，比如官职、封地、爵位，也失不掉，他有何患？实际上，房玄龄这时所患的是：开国元勋几乎尽失，而新擢的宰相良莠不齐，昔日的唐太宗在逐日蜕变，强大的政权在不断弱化，而以长孙无忌为首的势力却在日趋强化，新太子李治的平庸，还有贞观十一年（637）冬入宫的武士彟之女武媚娘，即武才人，不仅极有心计，竟然还与太子眉来眼去。这些事情，房玄龄看在眼里，急在心头，但又无可奈何，这才是他真正忧虑的国家大事，至于他个人，除了教子不够而留下的内疚和缺憾之外，也就没有更多的不满足之处了。

第
五
章

高风亮节

一、严于律己

"为官惧盈满，做事尽所能。"这是房玄龄给自己写的一张条幅，并终生以此自勉。

一日，高士廉到房家闲坐，进屋时见房玄龄正在炉上烧那些疏表奏章的原稿，有些疑惑不解，问："房仆射何以把这些文稿都烧掉？"他心里不免觉得可惜，因为除了那些文稿是关乎国家政策大计而外，房玄龄的文字也是很珍贵的。

房玄龄则笑着说，他的所有奏章封事，最后都是以皇上的诏书名义下发的，也就是说，大到治国方略，小到人事任免，无一不是圣上的旨意。为了维护太宗的尊严，房玄龄不想让别人看到它的存在，哪怕是给别人留下点滴凭据也是不妥的。

回家以后，高士廉也动手烧掉了自己的所有奏章原稿。

据说贞观后期，这种做法在大臣中间渐成惯例。所以今天我们从典籍文献中所能看见的，几乎都是"太宗曰"，太宗如何决策。这一方面说明房玄龄是个角色意识很强的人，同时也说明他自律意识很强。

一次，太宗对身边侍臣们说："治理国家与养病是一个道理。病人自己觉得痊愈了，实际上还得将息养护数日，这期间若有闪失，必至殒命。治国也一样，天下稍见安定，也还须谨慎小心，如果滋生骄逸之心，则必然导致衰败。如今天下安危，都系于朕一人身上，所以我日慎一日，即便休息的时候脑袋里也在想问题。至于朕的耳目股肱，那就是众位爱卿了，既然我们是君臣一体，就应当协力同心，有什么不妥当的事情，你们尽管直言不讳。倘若君臣相疑，不能尽输肝膈，那才是国家的大害呢！"

房玄龄觉得皇上这话是在批评他，赶紧跪下请罪，说自己口讷心拙，往后一定要向魏徵学习。的确，在敢于谏诤方面，他不如魏徵、张玄素等大臣。为此他竟一连数日食不甘味，又多次向太宗检讨。

一日，太宗问身边侍臣们："帝王之业，草创与守成孰难？"

房玄龄说："天地草昧之际，群雄竞起，只有攻破了城池，敌人才肯降，只有战斗胜利才能克敌。由此说来，还是草创为难。"

魏徵则说："帝王之起，必承衰乱，覆彼昏狡，百姓乐推，四海归命，天授人与，乃不为难。可是得了天下之后，志趣骄逸，百姓欲静而徭役不休，百姓凋残而侈务不息，国之衰敝，无不由此而起。以此而论，守成更难。"

太宗想了想说："玄龄过去跟我平定天下，南征北战备尝艰苦，出万死而遇一生，所以觉得草创之难。魏徵帮朕安定天下，忧虑的是骄奢淫逸必践危亡之地，所以觉得守成之难。如今草创之难既已往矣，守成之难者，当思与公等慎之。"

房玄龄听了，觉得魏徵认识得更深刻，而太宗意识到了守业更难，说明他富有远见卓识，自然又要作一番检讨。

房玄龄女儿房奉珠嫁给韩王李元嘉为妃，房玄龄主张婚礼一定要尽量俭朴，并反复嘱咐女儿说："以后你做王妃，别忘了恪守妇道，不要以宰相女儿自居。相夫要讲究方法，教子要以身作则，对待身边的下人要多怀体恤。"房奉珠随韩王到远方赴任，房玄龄硬是不肯去送行，担心别人说他招摇过市。

贞观八年（634）秋后一日，房玄龄和高士廉往大安宫参拜太上皇。太上皇突然中风，卧床不起，太宗命他二人先去探望。回行路上，二人遇到少监窦德素，随便问起宫城近来有什么建造项目。回宫后，窦德素便将房玄龄、高士廉二人的询问告知太宗。太宗很不高兴。第二天，在朝房见到房玄龄，便对他说："你管好南衙的事就行了，北边宫城建造一点房舍，关你什么事？"房玄龄连忙跪拜请罪，表示歉意。

魏徵在一旁见了，倒觉得不该如此，便进言道："臣不理解陛下的责备，也不理解房仆射何以要认罪。玄龄和士廉都是陛下的股肱之臣，宫城有所营造，为何不许过问？如果营造合理，为臣者应助而成之，若营造不当，则应阻而罢之。房仆射自知无罪，陛下也责之无由，而今责者反觉得有理，无罪者自认受过，这可不是正常的君臣之道啊！"太宗听了，不禁自愧，房玄龄亦觉得自惭。

贞观九年五月，亦即公元635年六月，太上皇李渊病故，享年七十岁。此前他已为自己拟就一道诏令，"既殡之后，皇帝宜于别所视军国大事。其服轻重，悉从汉制，以日易月。园陵制度，务从俭约。"

消息传来，太宗不禁大悲，命房玄龄监管料理后事。房玄龄说："太皇遗诏以日易月，务从俭约，实令臣等景仰。若执汉制，陛下可谥号为'大武皇帝'，庙号'高祖'。宜令太子代为处理政事，陛下则亲往大安宫垂拱前殿，一个月后恢复听政。"

太宗遂换上白纱单衣、乌皮履，往大安宫服丧。月余，太宗召众臣商议高祖陵墓规格，太宗说："就依汉高祖长陵之制，高九丈，宽百二十步。"

秘书监虞世南认为这样做工程量太大，不如缩小规模，因而上疏说："圣人薄葬其父母，并非不孝。况且有唐、虞的陵墓在先，为什么非要遵秦汉之法？虽然陵中不藏金埋银，后世的人看见丘垄如此之大，怎知里面不是金玉成堆！现在陛下按霸陵之制早早就脱下丧服，却要按长陵之制修丘垄，恐怕不妥。不如按《白虎通》规定的，坟高三仞，除了陪葬器物俱全之外，其他一律节俭。碑是要立的，陵旁立一块，再立一块于宗庙里，以为子孙永久之法。"

房玄龄将虞世南的疏奏送呈太宗，太宗装作没看见。房玄龄却觉得虞世南的意见很有道理，便对太宗说："汉长陵高九丈，而原陵高六丈。现在看来九丈太高了，三仞又太矮了，那就请按原陵之制吧。"原陵即东汉光武帝刘秀的陵墓。太宗应允。

至于陵园中如何设位，一时众说纷纭。时任谏议大夫朱子奢请求立三昭、三穆，而虚太祖之位。于是开始修太庙，以供养李氏家族的祖先。房玄龄认为，应立西凉武昭王李暠为始祖，太宗不悦，还责备了他一番。左庶子于志宁则认为李暠与建唐并无关系，太宗也认为始祖不宜推得太远，说那样祭祀起来过于繁琐，为此还批评了房玄龄。

深秋十月，陵墓建造完毕，太宗率文武百官将高祖灵柩安葬，称为献陵。献陵在今陕西省三原县徐木乡。

到了贞观十一年（637），房玄龄已经年近花甲，身兼中书令、尚书仆射等相国大任，又刚刚完成了太宗交付的修史、立法两项重托，正所谓劳苦功高。为了表示慰劳和感激，六月，满怀喜悦的太宗下诏封赏，令诸王二十一人、房玄龄等功臣十四人，所任刺史由子孙世袭，改封房玄龄为梁国公。

房家的承袭人是长子房遗直。

房玄龄颇觉愧悚，为此曾几次上书谢辞，并要求解除掉自己的仆射职务。长孙无忌等人也都表示辞让，最后太宗只好免了这次封赐，却未允房玄龄的辞职请求。

这年七月，太宗要给儿子、魏王李泰找个好老师。房玄龄知道太宗又想让他担任此职，便极力推荐别的人选。太宗语重心长地对房玄龄说："朕历观前代拨乱创业的君主，他们生长于民间，都能识达世情，所以很少败亡。及至那些继世守成之君，生来就富贵，不知道什么叫疾苦，从而导致夷灭。自古以来皇子生于深宫，及长大成人，无不骄逸纵弛，接踵而来的便是国家倾覆。朕现在想严教子弟，为的就是让他们安全。朕每吃一顿饭，便想到稼穑之艰难，每穿一次衣服，就想到纺织之辛苦，李泰等诸兄弟怎样才能学朕这样呢？只有选良佐以为藩弼，让他们常近善人，才能让他们得免于愆过。"

对于太宗殷切之情，房玄龄深为感激，但他不肯让自己头上的光环太多了，便建议由礼部尚书王珪兼任魏王师。他说："臣已老朽，牙掉了好几颗，只怕连话都说不清楚，怎好为皇子之师？王尚书智识渊远，又比老臣有辩才，最是合适。"

太宗见他执意不肯，只好说："王珪久为朕所驱使，甚知其人刚直，志存忠孝，推荐他为子师，说明你很有眼光。但你也尽可能多过问一些，你可以告诉泰儿，要像对待我一样对待王珪，宜加尊敬，不得懈怠。"

从此，王珪也以师道勤恳自处，获得朝中一致好评。

这一年，著名史学家和文学家姚思廉病故。

二、谦恭待人

房玄龄属于为人忠厚的老实人。虽然在总揽国政方面身怀雄才大略，甚至在包括"玄武门之变"这样的重大事件中表现得深谋远虑，但从个人品德修养上说，他深得儒学真传。他从不以权势压人，也不以高官自傲，不以物喜，不以己悲，温良恭让，平易近人。

他待人和蔼随便，却又不放纵。对下属，他总是多谈别人的优点，有谁言语过激了，也不去跟他较真。对皇上，偶尔因事受到太宗的责备，就会一连数日低头请罪，满怀惶恐深深自责，觉得情面上过不去。当时和房玄龄交往的人，都说他是一代名相。

有一次，右卫将军陈万福从九成宫赴京，半路上违法拿了驿站里几石面麸。有人举报，太宗要免其官。房玄龄说："陈将军强取驿家面麸，影响是很不好。但老臣了解过，他是因为马队里草料不足，怕耽误行程才这样做的，按律可轻罚。依臣之见，可赐其面麸，让他自己背着面袋回去，让他感到羞耻就行了。"违纪受罚的陈将军果然自负面麸出宫，从此不敢再犯。

太宗经常四处巡幸，多数时候房玄龄都陪同前往。房玄龄不是为了游山玩水，而是为了更多地了解下情，并利用亲随皇上左右的机会匡正太宗的言行。久而久之，太宗形成了习惯，每次出巡若没有房玄龄陪伴，就觉得形单影只，有时本来是面对别的大臣说话，口里却叫出房玄龄的名字。

一次行至汉太尉杨震墓前，太宗伤其因为忠贞而死于非命，便亲自为杨震墓撰文以祭之。房玄龄进曰："杨震虽是当年蒙冤枉死，数百年后却遇到了圣明君主。圣上停舆驻跸，亲降神祚，杨震可谓虽死犹生，殁而不朽了。如今臣等伏读天文，且感且慰，凡百君子，焉敢不勖励名节，知为善之有效！"

贞观十二年（638），有一次房玄龄随太宗出巡，来到蒲州地面，想起隋朝鹰击郎将尧君素曾在大业年间受任河东。房玄龄对太宗说："圣上可记得尧君素吗？此人固守忠义，克终臣节，诚如疾风劲草。"

太宗感慨道："卿言是矣。尧君素是个忠臣，可惜隋炀帝无德。今天来到这里，追怀往事，朕也感触良多。"

房玄龄便暗中请当地官员代为察访，终于找到尧君素的儿媳。原来自尧君素死后，尧家流落到河东乡间，给士族人家当佃奴。房玄龄来到村中，见尧家数口住在马厩旁边的一间窝棚里，里面蚊蝇纷飞，臭不可闻。尧君素的孙子名叫尧承让，时年十五岁，此时正一个人坐在树林边习书。见有官人前来，那少年起身施礼，行止颇有风范。

房玄龄遂与随从感慨道："将门之后，诗礼犹存。若任他流落僻野，岂不可惜？"

回头见了太宗，房玄龄具告所访之事，并说："尧家小子天资聪颖，却只有这一个男丁。圣上可诏令他入国子学就读，其母由县府封地供养，解除家奴的契约。"

太宗允奏，当即命房玄龄起草诏书，恢复尧家的士族地位，并追赠尧君素为蒲州刺史，让房玄龄把这个消息告诉尧家人。

夏天，太宗巡幸洛阳宫，泛舟于积翠池上。但见湖中水与天青，波平如镜，岸上杨柳依依，草绿花红。太宗不由得感慨言道："此一处宫观台沼，本是当年隋炀帝所修，所谓驱役生民，穷此雕丽，复不能守此一都，以万民为虑。只因他好行幸不息，使得民众不堪其苦。诗人曾云：'何草不黄？何日不行？''小东大东，杼轴其空。'说的就是这种情形。遂使天下怨叛，身死国灭，今其宫苑尽为我有。隋氏之所以倾覆，岂止是君王无道？也是因为没有好的股肱大臣啊。如宇文述、虞世基、裴蕴之徒，居高官，食厚禄，受人委任，却只知谄佞行恶，蔽塞聪明，要想让国家平安无危，怎么可能呢？"

房玄龄一旁言道："隋氏之亡，自是两方面原因。君王杜塞忠谠之言，臣子苟且自保，左右有了过失，开始时不纠不举，寇盗滋蔓了也不照实奏陈。所以说，隋亡不仅是天道所定，君臣不相匡弼也是个重要原因。"

一批新人入朝担纲，房玄龄担心太宗冷落了那一班老臣，便与太宗说："陇右民间有个风俗，每年春天祭井。祭井时不但要供奉井神的牌位，还要在井碑前烧香，以歌赞之，'吃水不忘打井人'。这样做的意义在于让村民懂得爱护井，以保持井水长清不涸为荣。"

太宗很受启发。一次宴集，尚书左仆射萧瑀等老臣在座，太宗对房玄龄说："自武德六年以来，太上皇有了废立之心，朕当时不为兄弟们所容，实有功高不赏之惧。那时萧瑀不为厚利所诱，不为刑戮所惧，真乃社稷良臣也。"于是赐诗曰："疾风知劲草，板荡识诚臣。"

萧瑀拜谢道："臣特蒙圣上诚训，许臣以忠诚，臣虽死之日，犹生之年。"不禁激动地流下眼泪。

太宗复谓公卿曰："朕端拱无为，四夷咸服，岂是朕一个人的能力所能达到的？实在是有赖诸爱卿齐心合力啊！还望你等善始善终，永固鸿业，子子孙孙，递相辅翼。使丰功厚利施于后世，令数百年后读我国史的人们，能看到鸿勋茂业粲然。到那时，人们就不只是称颂周、汉两代的兴隆，也不止讲述建武、永平年间的故事了，我大唐贞观之治，也必定为人们所景仰！"

房玄龄接言道："陛下妙龀之志，却推功于群下，治理升平，本是陛下圣德，臣下何力之有？惟愿陛下能够有始有终，则天下永赖。"

太宗又说："朕观古先拨乱之主，都是年逾四十始成霸业，只有汉光武帝年三十三。但朕十八岁便举兵，年二十四定天下，年二十九是为天子，此则武力方面略胜于古人也。少从戎旅，不暇读书，贞观以来，手不释卷，知风化之本，见政理之源。行之数年，天下大治而风移俗变，子孝臣忠，此又在文治方面强过古人也。自周、秦以降，戎狄内侵，今戎狄稽颡，皆为臣属，此又在怀远方面胜古人一筹也。此三者，朕何德以堪之？既有此功业，何得不善始慎终耶！"

言语之间，虽有谦逊之怀，却不禁沾沾自喜。

越王李贞是唐太宗燕德妃所生，因他自幼聪敏绝伦，所以太宗特别宠爱他。一次，李贞对人说："现在三品以上的大臣，都因受皇上宠信而轻蔑诸王。"意在潜谤侍中魏徵等人，以激怒于太宗。太宗得知此事后，御驾齐政殿，请三品以上的大臣们入座之后，满面怒色说："现在朕有一句话，特向公等申明。从前的天子是天子，如今的天子就不是天子吗？往年的皇子是皇子，今日的皇子就不是皇子了？我见隋朝杨家诸王，无论做官的还是未做官的，都不免被其父皇颠顿。如今朕的儿子，自不许其纵横，所以公等觉得容易过，竟至相共轻蔑。朕若娇纵他们，岂不颠顿公等！"

房玄龄等人闻听，全都紧张战栗，跪拜谢罪。只有魏徵正色而谏道："当今群臣，必无轻蔑越王者。然而从礼制而论，大臣与皇子理应是一例，《左传》上说，皇子虽然年纪小，即位列诸侯之上。诸侯用之为公，即是公；用之为卿，即是卿。若不为公卿，便只能给诸侯做士。如今三品以上大臣列为公卿，而且深得陛下宠信，纵然有些小毛病，怎能轻易被越王折辱？如果国家纪纲废坏，臣所不知。以当今圣明之时，越王岂得如此。且隋高祖不知礼义，宠树诸王，使行无礼，寻以罪黜，不可为法，亦何足道？"

太宗听了魏徵的话，不由得转怒为喜，对群臣说："只要是说得在理，不可不服。方才朕之所言，是出于私爱考虑，魏徵所论，是国家的大法。朕方才一时愤怒，自己觉得蛮有道理，听了魏徵的话，才觉得远不是那么回事。"于是大发感慨，"身为人主，说话也不是件简单的事啊！"

随即召房玄龄等入内宫，严厉批评他不能及时提醒自己。太宗说："你是我最信任的大臣，位列众卿之上，竟不如魏徵敢于直言！难道你愿意看到我变成一个无道昏君吗？"

挨了训斥的房玄龄自知有过，心中十分内疚。检省起来，随着自己年纪渐渐增高，直言善谏方面的确是大不如从前了。他本来就是个老实人，以与人相善为本，而且很注意工作方法，但近些年来确实不如魏徵那样敢于说真话了。回到家里，他把此事说与夫人卢绛儿听，卢绛儿说："你的顾虑也不无道理。越王毕竟是圣上的亲生儿子，弄不好会落得个离间他们父子关系的罪名，这岂是你宰相应该做的事？"

房玄龄自责说："正是这些顾虑，才不是我这相国者应该放在心里的啊！"

卢绛儿宽慰他说："你生就这样的人，不愿意惹是生非，况且身为相国，自有大事要挂怀。尺有所短，寸有所长，魏大人直言善谏，自是他的擅长，你又不是谏议大夫，何必以此为意？"

房玄龄喟然叹道："玄龄不如人者多矣！实在愧为众臣之首。如今又年事老迈，不如引退，也好让锐气新人担纲理政。"

卢绛儿笑说："那倒也好了，你我夫妻一世，总得享受些天伦之乐，强似这成天当牛做马为驱使。"

翌日，房玄龄进言太宗，赐魏徵绢帛一千匹，以表彰他直言之义。同时又向太宗表达了自己引退的意愿，太宗仍是不允。

为了让房玄龄安心于相国之职，太宗又于贞观十三年（639）春加封房玄龄为太子少师。房玄龄自以一居端揆十五年，屡次上表辞位，太宗优诏不许。

房玄龄道："为臣少小时候，家父就曾告诫臣说，为官切忌盈满。臣跟随圣上十数年，一向承蒙错爱，视为臣如手足，所被殊荣厚禄，岂是车载斗量？只怕为臣难堪隆恩，头重脚轻，倒失了做人的本色。中书令与仆射之职，已是为臣人生之极矣，自当勉命于职任，须臾不敢松懈。只是臣已进花甲之年，心有余而力不足了，愿乞一陋室休养至终。"

太宗听罢，表情一时惘然如在梦中。俄顷，面带泪水，执手深情言道："玄龄啊，朕能有今天的大唐江山，一半是你送与朕的。这且不说，贞观以来，朕每日披阅奏章或处理巨细事务，眼前总有你的身影，有你在，朕才心里安稳。如今如晦已然故世，你若再辞职，朕必会觉得庙堂空空，一如巨舟断桨一般了。朕不能让你辞官，哪怕任你闲散行走于朝，也是朕的定船之锚啊！"

可见太宗对房玄龄所倚之重，所寄之深。

你道他一个憨态木讷的方脸老头儿，一个语不惊座貌不惊人的老臣，一个操着改不掉的侉腔的山东老汉，何以竟有如此磁力！

后世史家认为，在整个贞观年间，作为当朝宰相，房玄龄为了推功于太宗而心甘情愿地做了无名英雄。有名与无名，主要在于史书上记载了多少，而记录贞观年间史实者，便是房玄龄本人。他本人不肯多记自己的言行故事，甚至不肯留下蛛丝马迹，旁人自然就无从知晓了。

三、太子风波

李承乾被立为皇太子时只有八岁。他是武德二年（619）在承乾殿出生的，所以取名叫承乾。

太子是理所当然的皇位继承人，太宗把立嗣视为"虔奉宗祀，式固家邦"的大事，所以多年来十分重视太子的教育和培养，先后有房玄龄、李纲、萧瑀、李百药、于志宁等十几位品学兼备的大臣担任过太子的老师。但由于太宗的溺爱，加之东宫的优越地位，李承乾渐渐养成了为所欲为、贪图享乐的坏毛病，不用心读书，而且跟他父皇一样能说会道，常拿谎话糊弄老师。

太宗为李承乾的事很伤脑筋，老师换过一批又一批，可是李承乾始终没能好转。高祖去世时，太宗因赴丧期而命李承乾代为执政，那时他十七岁，临朝时大讲忠孝之道，退朝后则立即与一班小人厮混在一起，有官员想要进谏，承乾就事先揣摩好他们的用意，然后正襟危坐，认真听取批评并引咎自责一番，竟使得臣子们误以为他是个明智之人，却不知他背地里的劣迹。

李承乾患有足疾，行走不便。太宗共有十四子，其中长孙皇后所生之嫡出的有三人，乃是太子李承乾、四子魏王李泰、九子晋王李治。当初李纲教育太子的方式是"辞色慷慨，有不可夺之志"，但严厉在李承乾身上不起多大作用。接下来侍奉东宫的李百药、于志宁、杜正伦、孔颖达等人，学识与人品都没得说，只是他们用直谏皇上的方法去规劝太子，规劝之后又不能随时监督检查，难免不受李承乾阳奉阴违的蒙蔽。

房玄龄过问太子事务只月余，便觉出李承乾是竖子不可教了。一日，房玄龄对太宗说："我听说，同是生长在一座山上的树木，有的可以成为栋梁，有的则只能烧炭。这跟育人是一样的道理，好苗子培养起来可以事半功倍，不好的苗子再花心血，也是事与愿违。"

太宗明白房玄龄的意思，便问："你看魏王李泰如何？"

房玄龄知道太宗对四子李泰偏爱器重，而李泰在朝中的声誉也不坏。房玄龄本不想参与李氏家族内部的事情，但为大唐今后的前途考虑，又不得不说出自己的真实想法。房玄龄说："魏王自负才能，我只担心他有非分之想。近来我去东宫，得知他们兄弟之间隔阂矛盾越来越深，各自在朝中树立朋党，恐嫉妒生仇啊！"

李泰自幼善诗能文，长大后腰圆膀粗，好结交贤士，太宗特令他在王府中设置文学馆，像他自己当年一样私结朋党。虽然太宗一向以安做亲王一类的话来教诲李泰，但那毕竟只是父亲的一厢情愿，明显的偏爱不能不刺激李泰的觊觎皇位之心。就在太宗与房玄龄这番谈话前不久的正月间，太宗还亲幸李泰所住的延康坊，诏令赦免李泰所领的雍州及长安县死刑以下全部囚犯，免除延康坊百姓当年的租赋，以表示他对李泰的特殊恩宠，并为李泰树立威信。

在这方面，太宗与他父亲犯了同样的毛病。

这些事情曾引起朝中大臣们的反对，房玄龄不止一次提醒太宗，不要重蹈高祖的覆辙，魏徵和褚遂良等人也力谏太宗，说这样做会导致皇子之间的矛盾，也有违朝廷纲制。但太宗就是不听。

有一天，太宗特意诏令李泰移居武德殿。武德殿是东宫里的正殿，非太子不能入住。太宗此举自然是有他自己的想法，但这样做肯定要引起大乱，人们会在废立之事上大做文章。魏徵上疏劝谏："魏王既是陛下的爱子，陛下就应当让他懂得自己特定的名分，时常保持安宁平静，每件事抑制骄傲奢侈，避免处在嫌疑的位置上。魏王从前就住过东宫西侧的武德殿，那时人们就认为不应该，虽然时代情况有所不同，但现在若让魏王移到武德殿来，难免有人多嘴多舌，魏王自己也不会心安。既然他能够认识到受到父皇的宠爱，就应该常持畏惧之心，望陛下成全他的良好愿望。"

太宗自知不妥，只好说："几乎没有仔细考虑，我犯了大错误。"这才收回成命。

李承乾身边有个太常乐人，名叫称心，姿容姣好歌舞妙曼，深得李承乾宠幸。太宗得知李承乾这种放浪行为后非常生气，命人将称心处死，受株连的有十几人。李承乾怀疑是魏王李泰告发的，从此仇恨更深。称心死后，李承乾悲伤不息，在宫里专为她建坟造屋，雕了尊真人一般大小的木像，雕像前排列木偶车马，还让宫人早晚祭奠。李承乾三天两头到这座屋里来，徘徊流连，痛哭流涕，从此托病不出，长达数月之久。

面对李承乾的一味荒唐，房玄龄也是爱莫能助。东宫日渐成了李承乾的独立王国，他经常组织百余人的乐队，演奏胡乐，院中造大铜炉和六熟鼎，让人偷盗牛马来烹煮了吃，一应行止都表现出了野蛮相。太宗不相信这是真的，便与房玄龄一起暗中视察。

这天中午，他们悄悄躲在至德门外，就见李承乾穿着突厥人的鹿皮袍，头上编着突厥人的发辫，手中挥舞着一面绘有五狼头的三角旗，在院中高声喝叫："格务南！格务南格！"据说这是突厥语的"集合"的意思。于是那些宦官侍卫、杂役仆隶们纷纷跑来，全都是胡人打扮，聚到用毛毡搭起的帐篷前，李承乾亲自给他们用佩刀割肉分食，然后分发兵器，排列军阵，高挂旃旗。

他们的"战斗"十分残酷，被打死的就命人拖出去，不舍得力气的也要受到惩罚。战斗接近尾声时，扮作突厥可汗的李承乾装死，众人大哭小叫，一片虎狼之声。他们按突厥的习俗用尖刀划破脸皮，骑马绕可汗的尸体狂奔，旁边点燃数堆柴火，庭院中一时间乌烟瘴气。

李承乾玩得兴起，站起身来双手擎天大叫道："如果我当了皇帝，率领几万骑兵到金城，去投靠李思摩大汗，当他手下一个头领，岂不痛快！"于是再次号令队伍，命汉王李元昌带一路，自己亲带一路，互相砍杀，呼号之声震于宫外……

太宗在门外见了这一幕，惊得半天不得回眸，哆嗦着手抓住房玄龄说："一派妖妄，一派妖妄啊！身为大唐太子，竟甘心去做胡人头领，这……这如何是好？"

回到太极殿来，太宗不禁黯然神伤，竟自流下泪来，这才想到废立之事。但废立大事不是可以随便决定的，假如真要废李承乾而立魏王，且不说他一代明主的面子上过不去，搞不好还会引起时局动荡，真是棘手呢！

对于房玄龄来说，从隋朝到唐初，已然亲身经历过两次皇室废立的风波，可谓是见怪不怪了。他知道，储嗣之变历朝历代都有，原本是皇室家庭里的事情，除非万不得已，臣下是不好参与其中的。其实魏王李泰也未必就是上佳人选，在太宗的十四个儿子中间，倒是有一个人是继承大统的好料子，那便是吴王李恪。

李恪是杨妃所生，是庶出。杨妃是隋炀帝杨广的女儿，显贵望高，中外所向。李恪这孩子勤奋好学，骑射与文章兼备，又沉稳大度，心怀仁爱，持礼守节。贞观十年（636）授安州都督。太宗曾经考虑过立他为太子，长孙无忌坚决反对，说立嫡以长是祖制，李承乾没了还有李泰和李治呢！

太宗说："你是因为他不是你的亲外甥的缘故吗？这孩子像朕一样英明果敢，若说保护舅舅，则未可知。"

长孙无忌生气道："晋王仁厚，可谓是继承文治的良主。凡是举棋不定者必败，立储君也是如此！"

太宗于是放弃。从此长孙无忌一直对李恪很不好。后来永徽年间，因房遗爱谋反，长孙无忌遂诛李恪，以绝天下望。李恪临刑前大骂："如若社稷有灵，当教长孙无忌灭族！"

如果是在十年前，房玄龄有可能直言不讳地说出自己的想法，而此时，面对当下的李世民，他不能不考虑事情的结果如何。

一天朝参时，太宗问众臣："当今国家何事最急？你们每个人都谈谈自己的看法。"

尚书仆射高士廉说："抚养百姓最急。"

黄门侍郎刘洎说："安抚周边各族最急。"

中书侍郎岑文本说："礼仪教化最急。"

只有谏议大夫褚遂良说："当今天下，四方都仰望陛下的恩德，没有敢违法乱纪的，但是太子、诸王各有本分，应该有个定制了，陛下应该为万世树立法则以流传给子孙，在臣看来，这才是当务之急。"

太宗本意就是想引出这个话题来，于是长叹一声道："褚爱卿说得对啊！朕也快五十岁了，已经感到年老体衰了。既然已经立长子为储君，可朕的儿子们有十多位，心里忧虑的常常在这上面。自古以来不论嫡子庶子，只要没有贤臣相辅，哪一个不倾国败家？"

大家都明白这些话的弦外之音。按说李承乾立为太子已有十多年，诸王身份也早有定制，褚遂良何以要说"现在是当务之急"，太宗又何以称他"说得对"？

李承乾担心父皇改立魏王为太子，决定先下手为强，便召了几名刺客欲行谋杀四弟，但没有成功。一招不成，又想干掉太子詹事于志宁。派去的两名刺客是张师政和纥干承基，他们来到于府，看到于志宁身为朝廷重臣，却住着一处草顶房，实在不忍心动手，因而行刺未果。

贞观十六年（642），太宗命房玄龄与魏徵、高士廉等人共同修撰《文思博要》一书。数月书成，众人受到太宗赏赐。七月，房玄龄进拜司空，仍然综理朝政，并监修国史。长孙无忌为司徒。房玄龄又一次上表，陈述辞位的要求，语气非常坚决。太宗仍是不准。

这时在李承乾身边已经形成了以邓王李元昌、吏部尚书侯君集、左屯卫中郎将李安俨、洋州刺史赵节、驸马都尉杜荷等人为骨干的一伙太子党，李承乾与这些人歃血为盟，封官许愿，密谋发动兵变。他们准备寻机率兵闯进西宫，入大内寝宫逼太宗退位。

在李承乾跟父皇的关系日渐疏远的时候，李泰也开始活动了。他结交的是二十多位开国元勋之子，其中就有房玄龄的儿子房遗爱，在朝廷布置心腹。黄门侍郎韦挺、工部尚书杜楚客，相继掌管魏王府事，两人都替李泰拉拢朝廷要员，甚至采用贿赂手段打通关节。李承乾和李泰明争暗斗，朝廷上下尽人皆知。

你道李氏家族的又一代兄弟，与李建成、李世民一辈何其相似啊！眼见得新一轮"玄武门之变"在即，偏巧这期间，朝中接连发生了几件大事，太子之争暂时被遮掩起来。

贞观十七年（643）正月，魏徵病危，太宗甚忧，多次领着众皇子和大臣们前去探望。魏徵同房玄龄、戴胄等人一样生活很简朴；见魏家连一间正堂都没有，太宗便命停止修建宫中一座小殿，用省下来的木料为魏徵家修正堂，还赐给些素褥布被，以顺从他简朴的习尚。太宗还命中郎将住在魏徵家里，随时通报魏徵的病情，赐给的药物和膳食不计其数。有时太宗一整天都在魏徵家里，屏除左右随从，一直谈到很晚。

正月丁卯这日下午，魏徵自知不济，便穿好朝服等候太宗到来。太宗见状，便手抚他的病体感伤落泪，问他还有什么要求，魏徵口动而声弱。此时太宗已想好要把衡山公主许配给魏徵的儿子魏叔玉，所以将衡山公主带在身边，对魏徵泣涕说道："你强打精神看一眼你的儿媳妇吧！"魏徵已经不能谢恩了，房玄龄托起魏徵的头对太宗说："魏太师担心惊扰陛下，所以不肯张眼，臣代魏太师谢过陛下啦！"

这天夜里，太宗梦见魏徵。戊辰日早起，魏徵逝世，时年六十四岁。太宗亲临恸哭，废朝五日，赠魏徵司空、相州都督，谥为"文贞"。

送葬之日，房玄龄不顾自己老迈病体，亲率家人与众臣哭行于街市，直至郊外。太宗则登上禁苑西楼，望着送丧的队伍流下了眼泪，并亲制碑文对魏徵追思不已。后来上朝，太宗对众臣道："以铜为镜可正衣冠，以古为镜可知兴亡，以人为镜可明得失。我常保有这三面镜子，以防自己行为过当，如今魏徵死了，我失去一面镜子了！"

眼见得创业老臣接踵而逝，太宗心下不安。一天，太宗执房玄龄手说道："玄龄啊！近来我夜夜有梦，实不忍众爱卿舍我而去。是不是我平时压给你们的担子太重了，才使得你们积劳成疾？"

房玄龄也流泪说道："为臣者惟有鞠躬尽瘁，才能得报君恩。倘若陛下垂恩思念，可令画师绘开国功臣们的画像，这样诸臣就能永远陪伴在陛下身旁了。"

太宗大为欣慰，说："爱卿知我心也！就请你拟定一份名单吧。"

二月初，房玄龄拟成高士廉、长孙无忌、魏徵、杜如晦等二十三人名单，呈太宗钦定。太宗阅后显得很惊讶，问房玄龄："何以不见你的名字在里面？"

房玄龄说："臣只是陛下身边的一个奴仆，只有穿针引线之用，怎敢与诸臣相比？"

太宗大声说道："卿若无功，别人谁敢言功！"

于是亲自将他的名字写上。

二月己亥，画师阎立本将太宗钦定的二十四位开国功臣画像列于凌烟阁。太宗为房玄龄的赞语是："才兼藻翰，思入神机。当官厉节，奉上忘身。"

春三月，齐王李祐在齐州据州抗命，私署官职。消息传至京师，太宗不禁大怒，立即派大将李世勣前去招讨。太子李承乾闻讯后对纥干承基说："我的东宫西墙离大内寝宫不过二十步远，想夺位还不容易！齐州怎么能跟我们比呢？"

纥干承基私下里与李祐交善，从李承乾口中得知朝廷派兵征讨的消息，便星夜赶往齐州，打算通风报信。但纥干承基和李世勣的人马均未到达时，齐州那边的部将已经把李祐拿下了。纥干承基急忙潜回东宫，报与李承乾知晓。

齐王叛乱被平息，太宗命房玄龄参与审理此案，查出纥干承基与此案有牵连，被判死刑。临打入死牢之前，纥干承基说："如果我立功赎罪，能得免于死吗？"于是将太子有意兵变之事和盘托出。

房玄龄急忙禀报太宗。太宗大惊失色，急忙下令将李承乾囚禁起来，并让司空房玄龄、司徒长孙无忌、特进萧瑀、兵部尚书李世勣、大理卿孙伏伽、中书侍郎岑文本、御史大夫马周、谏议大夫褚遂良等人共同鞠问此案。证据确凿，李承乾无可辩争。四月乙酉，太宗不得已诏令废承乾为庶人，流放黔州；赐汉王李元昌自尽，侯君集等人论罪被诛。东宫僚属除了于志宁一人受到表彰之外，其余都因为辅助太子无功而受到责备，但未加治罪。

房玄龄揽过说："太子之事，老臣也有责任。望圣上念老臣昏聩，放我归田为农罢！"

太宗凄然说道："吾儿朽木不可雕也，岂是爱卿之过？如今太子不立，卿若再离朕而去，朕岂不真成了孤家寡人了吗？"

侯君集原本是李唐王朝的大功臣，贞观初年曾与房玄龄一起被评为一等功，早就位居宰相之列。身为武将，他与李靖、李世勣几乎齐名，贞观以来征吐谷浑、灭高昌，别人享福他东征西战，艰苦卓绝勇挑重担，怎么就生出叛逆之心了？

原来，贞观十四年（640）率兵灭了高昌之后，侯君集留在西域开疆拓土，不知为大唐扩大了多少版图，不料却受到御史台的弹劾，说他私敛宝物，军纪不整，手下将士到处搜取财货。太宗下诏将他下狱，后经众人说情，这才放出来。侯君集对此心怀怨恨，有一次忍不住对张亮说："皇上忘恩负义，越来越残暴了，你我替这等昏君卖命，真是不值得。"张亮其时有意要邀功请赏，便在太宗面前告发。但没有第三者证明，太宗暂且饶过侯君集一回。

太子李承乾得知侯君集这种情状，觉得他是可利用之人，因而尽行拉拢，还送与他两个美女，每天以人乳喂养着，供他享乐。感激之余，侯君集举起自己的手对太子说："我这双手，上可扶君，下可安民，三军之中斩上将首级如同探囊取物，治国平天下可保君王无忧。从今以后，这双手就归殿下所有啦！"

李承乾事败，太宗亲领房玄龄、长孙无忌提审侯君集。太宗说："你曾是朕身边的爱将，朕不想让刀笔小吏侮辱了你的尊严，所以亲自来鞫问。你可有话说？"

侯君集道："陛下恨臣久矣，臣纵有千功也不抵一过，与当初高祖对待刘文静有何区别？事已至此，只求一死，何须多问！"

太宗对房玄龄诸人说："过去国家尚未安定时，君集确实为国家效力了。朕不忍将他依法处置，想替他乞求一条性命，不知你们能不能答应？"

房玄龄不语。长孙无忌等人明知太宗是在故作姿态，便群起叫道："侯君集之罪天地不容，岂能赦之！"

太宗遂与侯君集说："那就只好与你永别了！从今以后，朕再想念你的时候，只能看你的遗像了！"于是凄然落泪。

临刑前，房玄龄替侯君集向太宗求情，赦免了他的妻子和一个儿子，以保留他侯家一脉香火。太宗恩准，命将其妻儿流放到岭南。

贞观十九年（645）十二月壬寅，李承乾死在黔州。

四、废立太子

李承乾既废，按照皇位继承法，最有资格做太子的是长孙皇后所生的魏王李泰和晋王李治。朝臣的意见分为两派，宰相岑文本、刘洎和大臣崔仁师等都劝立李泰，后兄长孙无忌和大臣褚遂良则坚主立李治。

主立李泰的岑文本和刘洎都来自江陵，先世虽有官位，但不很显赫，家境出身近乎寒族一类。崔仁师虽是博陵大姓，可是父祖都没功名。出身于山东寒士的马周因为和刘洎关系密切，态度上也倾向于李泰一边。至于以长孙无忌为首的主立李治的一派，几乎都是关陇军事贵族集团的代表人物。褚遂良是长孙无忌最得力的支持者，他来自江南贵姓高门，与关陇军事贵族有相通之处，是依附于长孙无忌的。这次决定皇位继承权的斗争，实际上也是普通地主与关陇军事集团之间的斗争。

长孙无忌虽然高居外戚和首相的地位，但他知道房玄龄手中握着至关重要的一票。一天，长孙无忌破天荒来房玄龄家里与他商量："魏王在朝中树立了党羽，一旦继位，则文本、刘洎等人势将受到倚重，你我只能告老还乡了。"房玄龄并不怕告老还乡，他知道长孙无忌是看李治软弱无能，继位之后很容易为他所操纵。那天房玄龄只说了一句话："想必圣上自有主张。"

有一天，太宗正与武才人在西苑赏玩风荷，长孙无忌陪着一位少年进来。只见那少年单薄消瘦，神色迟疑，一双眼睛只管瞅着地面，似乎连抬眼平视也不敢。他就是晋王李治。李治虽然贵为皇子，却不及李泰的饱知经史，也缺少李承乾的气派风度。他既无主见，也无特长，只知跟一班美人成天嬉戏，像个永远也长不大的孩子。

太宗见李治哭丧着脸，就问："我儿这是怎的了？"那李治本来眼泪就在眼眶里转着，经父皇一问，索性跪在地上大哭起来，诉道："儿虽无能无才，却也不会作出有悖天礼之事，魏王何故要吓我？"

长孙无忌便告诉太宗说，是魏王李泰私下里欺负李治，吓唬他说"你平日跟李承乾很亲密，如今李承乾伏诛，你也不会有好结果"。李治胆小，惶惶不可终日，所以有此状。

这日太宗在两仪殿听政结束时，群臣已经走出大殿，太宗却突然把房玄龄、长孙无忌等几位重臣叫住，神情异常地说道：

"我三个儿子和一个弟弟的所作所为竟然如此，真让我心灰意冷了！"言罢扑倒在床上。房玄龄等人抢着上前抱扶，不料太宗拔出佩刀，直朝自己胸前刺去，惊得几个人惊慌大叫，还是褚遂良眼疾手快，急忙把刀子夺下，交给李治。

房玄龄搀起太宗，说："陛下何以这等伤情，说出来也好让臣等替陛下分忧啊！"

太宗把歪扭了的皇冠摘下，长吁短叹好一阵子才说："朕想立晋王为太子，卿等意下如何？"

房玄龄一怔，便明白太宗是在试探。但没等他表态，长孙无忌一旁急忙说道："陛下明断！"不由分说便把太宗之言当作诏旨，命人录下，并大声说道："谨奉诏，如有异议者，我必杀之！"

太宗此时已在床边坐端正了，遂让李治跪在面前，抽搐着脸说："你舅舅答应让你做太子了，还不快快拜谢！"

李治慌得不行，恍惚中纳头逐一拜过。

见房玄龄沉默不语，太宗又问道："你们已经同意了，但不知朝中其他大臣会如何看？"

长孙无忌抢道："晋王仁孝，人们早就归心于他了。请陛下召见群臣，试问一二，如果不像我说的，我甘当死罪。"

因有与长孙无忌、房玄龄等人商议的结果在先，太宗驾临太极殿听政，召文武六品以上官员前来朝参。太宗说："承乾悖逆，魏王李泰也一样凶险，朕想从诸子中挑选一个作为储君，你们看谁能胜任？"

百官都欢呼道："晋王仁厚，当为太子！"

当日，魏王李泰率领百余骑兵到永安门，太宗敕令守门将士把李泰带到肃章门，幽禁在太极宫北面的内苑中，以防引起新的事端。

四月丙戌日，太宗下诏立十五岁的晋王李治为皇太子，大赦天下，并赐五品以上文武百官的长子晋爵一级，百姓八十岁以上的老人赐给粟帛，聚会饮酒三天。召特进萧瑀为太子太保，李世勣为太子府事，同中书门下三品。不日又往太庙谢承乾之罪，降封魏王李泰为东莱郡王。

但太宗毕竟对李治的懦弱深感不安。这日上朝，太宗对侍臣说："自古创业的君王，到了子孙辈上往往多乱，这是为什么呢？"

房玄龄躬身言道："这是因为幼主生长在深宫，从小安居富贵，未尝识得人间情伪，全然不懂治国安危，所以为政多乱。"

太宗闻之不悦，望着房玄龄说："听你的意思，是要推过错给君主了，朕则认为应当归咎于众臣。功臣的子弟们多半无才无德，借祖父资荫做了大官，德义不修，奢纵是好。君王本来就幼弱无知，大臣们又不才，颠而不扶，岂能不乱？隋炀帝因为宇文述在藩之功，于是擢他的儿子宇文化及于高位，结果宇文化及不思报效皇恩，反倒弑君行逆。难道这不是臣下之过吗？朕说这些话，是想让你们诫勉自己的子弟，使他们避免过错，这是国家的庆幸啊！"

房玄龄听了，知道皇上这是有所指，遂答道："圣贤有言，'子不教，父之过'。为臣者不能只是自己懂得皇恩，还应当让子孙懂得怎样世代报答，这才算为臣者尽到责任了。"

太宗又说："宇文化及和杨玄感，都是受到隋朝厚恩的大臣的子孙，最后却都造反了，这是何故？"

岑文本答道:"只有君子才能怀德荷恩,而杨玄感、宇文化及之流都是小人。所以古人都贵君子而贱小人。"

太宗认为岑文本说得对。一面让房玄龄等人清除李承乾和李泰的余党,一面派重臣作为太子的辅弼。遂以长孙无忌为太子太师,以房玄龄为太子太傅,仍执门下省事、监修国史。又以萧瑀为太子太保,李世勣为太子府詹事,左卫大将军李大亮兼东宫右卫率,前太子府詹事于志宁、中书侍郎马周为太子左庶子,吏部侍郎苏勖、中书舍人高季辅为太子右庶子,刑部侍郎张行成为太子府少詹事,谏议大夫褚遂良为太子宾客。这样,朝中所有重臣几乎都成为东宫的辅佐了。

太宗又面朝房玄龄和长孙无忌说:"三师是专门以道德育人的人,如果做太子老师的人体位卑贱,太子就无法取其准则了。"于是诏令撰太子接三师仪注。其时,朝中以长孙无忌为司徒,房玄龄为司空,暂无司马,是为"三公"。太宗在诏书中明文规定:每临朝参,太子必须出殿门迎接三师,先给三师行拜礼,然后三师再答拜;每进一门,必须让三师先入;三师落座,太子才能入座。写给三师的书牒信函,台头要称"惶恐",后边署名要写上"惶恐再拜"。

为确保新太子李治健康成长,将来能够顺利地继承大统,太宗的确是花费了不少心血。但其中有些话也在暗讽房玄龄,因为房家有人也或深或浅参与了皇子之间的争斗,更何况房玄龄的儿媳高阳公主也不是个省油的灯!欲知端的,还得从房玄龄的家庭成员们一一说起。

五、督导子女

此时房家府上，上有高堂老母高芸若，当时已经八十六岁了，卧病在床很多年了。中有房玄龄夫妇，房玄龄多病，夫人卢绛儿虽说只有一只眼睛，所幸身体还算硬朗。下有长子房遗直，次子房遗爱，三子房遗则；女儿房奉珠嫁给韩王李元嘉，随夫远徙滑州任上。各有一群子女，再加上府中佐属用人，也不下百余口人。

房玄龄是个大孝子，对老母毕恭毕敬，见她有了脸色，便诚惶诚恐，恭谨之心超过常人。母亲卧病之后这几年，他抽空四处请医问药。孙思邈是一代名医，归唐后一直在太医署供职，房玄龄把他请到家里，亲自帮他抄写《千金方》。孙思邈每次来去，房玄龄都要在大门口迎拜，有时甚至垂泣不已。

房玄龄治家很有方法。他常常害怕子女们会骄纵奢侈，以势欺人，所以汇集古今家训，写在屏风上，让每个孩子都保存一具。他对孩子们说："你们如果能照着去做，就完全可以保住自己了。汉朝的袁氏家族，几代为国家尽忠守节，我非常仰慕，你们应该向他们学习。"

古训"长子持家"。房遗直此时已经年逾而立，承袭了家族的爵位，授任礼部尚书。他忠厚诚实，处事谨慎，性格类似乃父，但才干逊之。

这期间，房玄龄虽然位列三公，却也不得轻松，除了修撰《高祖实录》和《当朝实录》之外，还要陪侍太子李治，同时还要主持门下省一应事务，参与朝政。

不久两部书稿修成，各二十卷。太宗见书大悦，降旨褒奖，称赞"文辞精美，内容丰实"，并加盖皇帝玉玺以示隆重，赏赐房玄龄绢帛一千五百匹。

三子房遗则因为身体不好，一直在秘书省做个品阶很低的职吏。房遗则心地十分善良，有一段时间，家中让他去料理封邑上的事务，正值其时州里大旱，房遗则便宣布免除全部农户两年的租税。回到京师，房遗则双手举着一包草药跪呈给父亲说："封邑上的百姓得知父亲患脚气，让孩儿带回这些草药来。"房玄龄非常高兴，夸奖他懂得体恤下情，会办事。房玄龄把儿孙们全都找来，说："我们房家承蒙皇恩，封地腴厚，府中开销根本用不着忧虑，如果能周济百姓一些，那正是我的夙愿。今番房遗则代我免除封地两年租税，正是我想做而没时间去做的事情，真是太好了！"

房遗则经常将药汤泡好，父亲睡觉之前，他亲自端起铜盆为父亲泡脚，不用下人伸手。他偷偷对母亲说，父亲身为当朝宰相，若让用人看见他一双烂脚，会损害父亲的名声。当时人们患脚气的十分普遍，为此太医孙思邈曾专门研制了治疗脚气的药方。春秋两季，天气不冷不热，房遗则与府中一位姓陈的侍卫长一起，研究出一种既看着得体又能透气的鞋子，让家里有官职的人与官服配套穿。除了草鞋以外，这大概就是中国最早的"凉鞋"了。

房玄龄的女儿房奉珠美貌如仙子，性情温顺，被卢绛儿视为掌上明珠，也深得房玄龄喜爱。房奉珠十九岁时，因太宗做媒，嫁与韩王李元嘉。

李元嘉是高祖李渊与隋朝大将军宇文述的女儿宇文昭仪所

生，太宗的异母弟弟。当年高祖十分宠爱宇文氏，及即位时，曾打算立她为皇后。宇文氏自认才智威仪均不如窦氏，因而坚辞不受。李元嘉因为母亲受宠的缘故，自幼颇得高祖的喜爱，后来的小弟弟们谁都不及他。

李元嘉最初被封为宋王，十五岁时出任潞州刺史，那年得知母亲有病，李元嘉涕泣多日不肯吃饭。母亲过世，李元嘉来京城赴丧，哀伤超过礼仪的要求，太宗曾赞叹他天性诚挚，多次安慰勉励他。贞观九年改封韩王，迁滑州都督。

房奉珠嫁给李元嘉之后，修身持家相夫教子，显得很有教养，跟贫寒家境的读书人家相类似。李元嘉少年即好学，府中藏书逾万卷，夫妇俩经常在书房里消磨时光。房奉珠受父亲影响，诗文也作得好，二人都能以古文字参定同异。李元嘉与同母弟弟鲁哀王李灵夔十分友爱，每当兄弟聚会时，都按照布衣百姓的礼节相待，当世称之。

惟有二儿子房遗爱不大省心。房遗爱自幼颖悟过人，读书过目成诵，长大后出落得一表人才，太宗经常把他视为自己的儿子，与房玄龄交厚的王珪还把他认做干儿子。京城里有一班勋臣子孙，经常在一起饮酒作乐，去郊外打猎，房遗爱逐渐成为他们中间的领袖人物。他为人放肆轻率，性格勇猛，又天生具有组织才能，登高一呼应者云集，这一点跟房家的远祖房法寿很相像。

有一次，房遗爱与人格斗，一枪将人搠于马下，呻吟不止，他却在马上仰天大笑。其时正巧被散朝回来的房玄龄望见，便与身边一位善于射弹子的侍卫说："你把他射下来！"侍卫不肯，房玄龄怒道："若伤了他的性命，与你无干！"侍卫弹出一颗石子，击中房遗爱大腿，使其翻身落马。房玄龄训斥房遗爱说："格斗是为了习武练功，自应点到为止。如果是在战场上，敌人被你打翻在地却未死，你应该继续用枪置其于死地，而不该止于大笑。但现在是在练武，既不能下手过重，更不该见伤而嘲笑他，为什么不立即下马将他扶起来？凡是做将军的人，必是勇猛于敌阵而友善于亲众，否则就是不配。"

房玄龄当众训斥了儿子，同时也让那一班青年纷纷跪地领训。房遗爱负痛听了，一时无地自容，从此有所收敛。

房遗爱二十岁时授任右卫中郎将，供职于南衙，每日往校军场习练骑射，倒也用心。高士廉敬重房玄龄的人品和对国家的忠诚，便择机与太宗说："房玄龄木讷，从不为自己的事情花费心思，家里还有两个儿子未尝婚娶，连我都替他着急了。房遗爱是陛下看着长大的，我观察诸位公卿的子辈中间，数他各方面的条件最优秀。陛下何不将他招为驸马，以褒奖房玄龄鼎掖社稷之功？"

太宗大喜，于是命高士廉、长孙无忌等人主持，鸿胪寺安排，两个月后便把高阳公主许配给了房遗爱。房遗爱拜驸马都尉，官至太府卿、散骑常侍。

太宗总共有二十一个女儿，按年龄排行，高阳公主排为第十七。此女原名合浦，因为初始封地于高阳，故名高阳公主。高阳公主生得很美，十三岁就成人了，至十五岁及笄待嫁之时，早已向往男女之事。她桃口粉腮，眉如柳叶，圆肩丰乳，顾盼撩人。当时有些淫书秽图在后宫里流传，公主便让宦官找来私下里翻看，看完之后春心难忍，常与阉人挑逗。这些事房夫人或有耳闻，但念她是公主，不敢违了圣命，况且圣上以千金之女下嫁大臣，感激还来不及呢！

嫁与房遗爱之后，公主贪恋床笫之私，每每如饥似渴，一连三个月不许房遗爱上朝，并借外出行猎之机放浪山野。太宗很喜爱这个女儿，所以对房遗爱的待遇和对其他女婿特殊不同。生育之后，公主傲慢而不顺从，倚仗自己是金枝玉叶，在房家说一不二，有时在父皇面前也使性子。

贞观十三年（639）诏令功臣子孙世袭官职之时，房遗直以长子当拜银青光禄大夫，高阳公主心生忌恨，便跟丈夫说："他一个心笨口拙的木讷之人，论文论武都远不及你，何以让他承袭了爵位？"府佐传话给房遗直，房遗直很害怕，便有心把爵位让给二弟。一日，公主亲自去跟父皇说了，太宗斥责她说："你虽贵为千金，为父也不能因为你而违背祖制。你既已嫁给房家，就应遵从房府的规矩，以后不许你再提这件事了！"从此公主逐渐失去了太宗的宠爱。

后来，房遗爱参与了魏王李泰集团，成为其中的"五虎上将"之一。及至李治立为太子，房遗爱也就跟着沉沦，只是看在父亲面子上，房遗爱只被降职处分。

六、身后悲剧

贞观十六年（642），房玄龄觉得自己当了很长时间的宰相，不宜长期身居高位，多次提出辞呈。唐太宗对他说："辞让，固然是一种美德。然而国家长久以来都依靠你，如果失去了像你这样的贤相，朕就好像失去了左右手一般。"

晚年的房玄龄经常疾病缠身。唐太宗依旧委以重任，下诏说："玄龄多病，就让他在家里办公，躺在床上处理公务。"朝中遇到大事，便命人抬他上殿。每次遇到这种场面，唐太宗便流泪不止，说："你老了，朕也老了！"

后来，唐太宗把他请到玉华宫，乘肩舆入殿，至御座乃下，君臣相见，太宗流涕，房玄龄也感激哽咽，不能自胜。太宗令名医为其救治，并派人每日供给御膳。如果病情好转，太宗即喜形于色；如听说加重，便神情凄怆。唐太宗的恩遇使房玄龄感激不尽，于是抱病上表劝谏太宗停止攻打高句丽。

这一天，昏迷多日的房玄龄睁开了眼睛，双目茫然地看见唐太宗龙睛圆睁、一眨不眨地盯视着他，心中涌起波涛，但身体却不能随心而起，只是口角嚅动着，难以表达肺腑之言。

唐太宗见状，忙说："房公，近些天来，朕总是忍不住在想你呀！"

房玄龄闻言，更加激动不已，他用仅有的一点气力，微弱而缓喘地说："微臣三生有幸，承蒙陛下不弃，三十余载追随陛下左右，得以建功立业、享受荣华，吾愿已足……只是……"

"只是什么？"唐太宗接问。

"只是臣这一生，有很多事情，都没有做好啊……"房玄龄喘息不止。

唐太宗强忍悲痛，握着房玄龄的手，说："房公，你我君臣，今日不谈国事。请你直言嘱朕，你尚且忧虑何事？"

房玄龄止喘片刻，回答："臣已无后顾主忧，所虑者只是太子，担心日后出现奸佞乱政，有碍宗庙社稷……"

唐太宗听房玄龄谈及太子，也颇有同感，说："朕也是为此事放心不下，但不知房公你有何良策？"

房玄龄用力睁开双目，看了看随唐太宗前来探视的皇太子李治，说："必须委以直臣，辅佐殿下……"

李氏父子同问："何人可以担负此任？"

房玄龄回答："褚……遂……良……不过，不过……"

唐太宗急问："不过什么？"

房玄龄看了看唐太宗，又转目看了看唐太宗身旁的李治，说："陛下你必须赐予他尚方宝剑，而殿下必须对他重用才行……"

唐太宗点头表示同意。李治说："太傅所言极是。请您不必担忧！"

君臣交谈至此，唐太宗当着房玄龄面，在病榻前，正式宣布：将房玄龄次子房遗爱提升为右卫中郎将，长子房遗直为中散大夫。二子向唐太宗和太子李治跪拜谢恩。唐太宗与房玄龄叙别，彼此悲伤不已。

贞观二十二年（648）七月二十四日，房玄龄病卒，享年七十岁。为了深切悼念他，唐太宗特意废朝三日，下诏为他举行了隆重的葬礼，册赠他为太尉、并州都督，谥曰"文昭"。为了给房玄龄办理丧事，唐太宗还特赐绢布二千段，粟二千斛，并让他陪葬在皇帝的陵寝昭陵。

在房玄龄病逝十个月之后，贞观二十三年（649）五月，千古圣帝唐太宗驾崩于含风殿，遗诏皇太子李治继位。

然而，尽管房玄龄生前采取"治家有法度，常恐诸子骄侈，仗势凌人，乃集古今家诫。书为屏风，令各取一具"等一些言传身教的具体措施，但是并未能够避免一场家庭悲剧的发生。

这场悲剧的酿成，是由所谓的"房遗爱谋反事件"而引发的。

房玄龄辞世后，长子房遗直承袭梁国公。永徽初年，担任礼部尚书、汴州刺史等职。其违背祖训，德不压身，不知进退，终致兄弟阋墙，遭人陷害，成为取败之由。

次子房遗爱，荒诞轻率，不学无术，但有武力，曾任右卫将军，后为房州刺史。

在贞观一朝，皇帝与勋臣的子女之间相互联姻的情况颇多。它本身就具备很强的人情加政治的浓厚色彩。唐太宗利用婚姻的这条"红线"，进一步强化、维系和促进他与勋臣之间的亲密关系。

然而，就房玄龄自身而言，他对唐太宗"赐婚"而构成的其次子房遗爱与高阳公主这一"情缘"，从内心深处并非情愿：一是"不想受"，二是"不敢受"，三是"不能不受"。

因为对于这一"皇恩浩荡""盛情难却"的"喜庆"和"荣耀"，不仅与他一贯坚守低调的做法不相吻合，而且有关次子媳妇高阳公主的"底细"他心中有数，唯恐对其礼遇不周而出现丝毫的偏差。所以，在他生前，只要稍有政暇，就必定向夫人叮嘱多加关照次子媳妇之事，以防出现难以挽救的后果和一些违犯国法、损害家风的事端。

可是，这位高阳公主性情骄蹇，她一直嫉妒房遗直这个大伯，鼓动驸马房遗爱与哥哥分家。她还在太宗面前诬告房遗直对皇上多有怨言，心怀不轨。太宗调查之后，发现是高阳公主任性胡为，不禁大为恼怒，将她训了一顿。经过高阳公主的几次诬告，房遗直害怕，自己写奏章要求将爵位让给房遗爱，唐太宗怕坏了规矩，并没答应。

为了达到夺取封爵的目的，高阳公主向新皇唐高宗告状，诬陷房遗直对她"非礼"。唐高宗自然极为重视，便当即诏敕其舅父长孙无忌调查处理。

结果，适得其反，因为事不机密，竟然审出了个房遗爱和高阳公主企图发动宫廷政变的大阴谋。

于是，长孙无忌为了铲除政敌和隐患，借此机会，将吴王李恪也牵了进来。李元景、李恪、房遗爱、薛万彻、柴令武被诛，高阳、巴陵二公主被赐死。诸子都作为刑徒流配岭南。房遗直虽因父亲的功劳而特赦，保住了性命，但失去了爵位，成为庶人。

可叹房玄龄一世忠贞，家族终被逆子叛媳所累，大红的牌位被唐高宗下令从唐太宗庙中撤了出来，永远失去了配享的资格。

据正史记载，房玄龄后代谱系如下：

房遗爱有四子，均失其名，但都居住在老家齐州一带。四子中的小弟有个儿子名叫房沼，中唐时期考中进士，后任监察御史。

三子房遗则无后。

长子房遗直，受二弟的牵连，被贬为铜陵尉。

附　录

房玄龄年谱

北周宣帝大象元年（579），房玄龄出生。

隋开皇十六年（596），齐州举进士，授羽骑尉，校雠秘书省，后补隰城县尉。

隋大业十一年（615），父房彦谦逝世。父病绵历十旬，房玄龄尽心药膳，未尝解衣交睫。

隋大业十三年（617），天下大乱，群雄蜂起。李渊在太原起兵，李世民被派到渭北攻打隋军。时任隰城县尉的房玄龄拜谒李世民，署渭北道行军记室参军。

唐武德元年（618），五月，李渊称帝，建立唐朝，定都长安，封李世民为秦王，房玄龄被任命为秦王府记室，封临淄侯。

唐武德四年（621），房玄龄任秦王府记室兼大行台考功郎中，为"十八学士"之首。

唐武德五年（622），在秦王府记室兼大行台考功郎中任上，房玄龄协助李世民大破刘黑闼。

唐武德九年（626），发生"玄武门之变"。李世民被立为皇太子。房玄龄擢拜太子右庶子。

唐贞观元年（627），代萧瑀为中书令。论功行赏，以房玄龄及长孙无忌、杜如晦、尉迟敬德、侯君集五人为第一，晋爵邢国公，赐食邑千三百户。

唐贞观三年（629），以房玄龄为尚书左仆射，杜如晦为右仆射，以尚书右丞魏徵守秘书监，参预朝政。拜太子少师，固让不受，摄太子詹事，兼礼部尚书。

唐贞观四年（630），房玄龄开始监修国史。

唐贞观九年（635），护高祖山陵制度，以功加开府仪同三司。

唐贞观十一年（637），房玄龄被封梁国公。反对世袭分封制，与司空长孙无忌联名上表，极陈其弊。奉命与长孙无忌等修《贞观律》。

唐贞观十三年（639），加太子少师。

唐贞观十七年（643），司空、梁国公房玄龄为太子太傅。与司徒长孙无忌等二十四功臣图形于凌烟阁。

唐贞观二十二年（648），秋七月癸卯，房玄龄逝世。太宗废朝三日，册赠太尉、并州都督，谥曰文昭，陪葬昭陵。